M. Theresia Wittemann

Beten unter Bäumen

Spiritualität des Waldes bei Franz von Assisi

M. Theresia Wittemann

Beten unter Bäumen

Spiritualität des Waldes bei Franz von Assisi

Inhalt

Hinführung ... 9

Wo lässt Gott sich finden? ... 13

Leben in der Wüste – ausgesetzt und doch integriert ... 19

Von der Wüste in den Wald ... 25

Unterwegs zum Rand der Gesellschaft und damit in die Nähe Gottes ... 33

Von den Waldschwestern zu den „Armen Frauen von San Damiano“ ... 45

Der „finstere Wald“ als Ort des Zusammentreffens mit den wilden Tieren ... 51

Der Wald als Raum der Intimität zwischen Gott und Mensch ... 59

Exkurs: Mensch und Baum – eine geheimnisvolle Symbiose ... 67

Das Gebet – Kontaktaufnahme und Empfangsbereitschaft ... 71

Ein Spiegelbild der Gottesliebe – der brennende Wald von Portiuncula ... 89

Der Wald als Ausgangspunkt für die Verkündigung des Evangeliums ... 97

Vergegenwärtigung des Weihnachtsgeheimnisses im Wald von Greccio ... 105

Lebendiges Evangelium: Verdichtung franziskanischer Spiritualität im „Sonnengesang“ ... 115

Weckruf in Erinnerung an Franz von Assisi: Die Enzykliken „Laudato si'" über die Sorge für das gemeinsame Haus und „Fratelli tutti" über die Geschwisterlichkeit und die soziale Freundschaft ... 127
Beten unter Bäumen: Elemente für zwei Andachten im Wald ... 141
Sommerliche Waldandacht ... 145
Franziskanische Waldweihnacht ... 153

Anmerkungen ... 161
Literatur ... 171
Die Autorin ... 175

Für meine Mitschwestern und Weggefährt:innen
sowie „für alle, die im Herzen barfuß sind."

Jan Skácel/Reiner Kunze

Hinführung

Am Anfang aller Kultur steht die Wechselwirkung zwischen Mensch, Klima und Lebensraum. Wie sehr wir trotz technischer Errungenschaften und „gefühlter“ Unabhängigkeit dem Wohl und Wehe unseres Planeten verhaftet sind, zeigt uns nicht zuletzt die Ende 2019 aufgetretene Viruspandemie, die – neben schweren kriegerischen Konflikten – fast alle Menschen dieser Welt in Atem hielt und immer wieder neu aufflammt. Dabei mögen, so hoffen wir, die wenigen freiwillig isolierten Völker dieser Erde, für die unsere Solidarität und die Bezähmung wissenschaftlicher Neugier lebensnotwendig sind, diese gesundheitliche Bedrohung weitgehend unbehelligt überstehen.

Die Beherrschung der Welt, Jahrtausende hindurch als Macht über Territorium, Rohstoffe und Arbeitskräfte verstanden, offenbarte sich in den letzten Jahrhunderten auch in dem Drang, jeden Winkel dieser Erde zu erkunden und ihm sein Geheimnis zu entreißen. Im Kern findet sich ein solches Bestreben bereits in einer Traumszene des Imperators C. Julius Caesar (gest. 44 v. Chr.), die der römische Historiker Sueton überliefert:

„Auch war er (= Caesar) durch einen Traum in der vorangegangenen Nacht aus der Fassung gebracht worden – denn es war ihm im Schlaf so vorgekommen, als habe er seine Mutter vergewaltigt; Traumdeuter weckten in ihm überaus weitreichende Hoffnungen, indem sie erklärten, dies bedeute die unbeschränkte Macht über den Erdkreis, weil die Mutter, die er im Traum überwältigt habe, nichts anderes sei als die Erde, die doch als die Mutter aller Menschen gelte."[1]

Während also ein Inzestwunsch als gesellschaftlicher Tabubruch beim Träumenden Entsetzen auslöst, werden Ruhmbegierde und Machtgelüste des jungen Adeligen – ethisch ein mindestens ebenso fragwürdiges Phänomen – von den herbeigezogenen Experten ausdrücklich gutgeheißen.

Doch auch im jüdisch-christlichen Kontext rechtfertigte eine einseitige Auslegung von Gen 1,28: „Füllt die Erde und unterwerft sie euch" bis in die jüngste Zeit die intensive Nutzung und Ausbeutung unseres Planeten und setzte sich gegenüber der zweiten Traditionslinie, die den Menschen als Geschöpf unter Mitgeschöpfen begriff (Gen 2,15), durch.

Angesichts des immer deutlicher zu Tage tretenden ökologischen Ungleichgewichts, der Erderwärmung und dem Ansteigen des Meeresspiegels sowie der unabweisbaren Vernichtung des Lebens von Pflanzen, Tieren und Menschen sind es heute dennoch zahlreiche religiös Motivierte, die sich aktiv für ein Umdenken, die Abkehr von der Wegwerfgesellschaft und eine neue Ehrfurcht gegenüber der geschundenen Schöpfung engagieren. Dass aus dem uns anvertrauten Garten Eden nicht gänzlich ein menschengemachtes Tohuwabohu (hebr. wüst und wirr, vgl. Gen 1,2) werde, ist das Anliegen vieler, die sich angesichts des drohenden biologischen Kollapses auf den Kern des jüdisch-christlichen Glaubens besinnen.

Besonders begrüßenswert ist in diesem Zusammenhang die Initiative, der Natur einen Eigenwert zuzuerkennen und Flüsse, Berge etc. als juristische Person mit unveräußerlichen Rechten auszustatten. Kürzlich informierte der Soziologe Frank Adloff in einem Interview über die zugrundeliegende enge Verbindung von Religion und Rechtswissenschaft: „Soziologisch hat Religion immer auch die Rolle, menschlichem Verhalten wie Habgier, Ignoranz oder Selbstüberschätzung Grenzen zu setzen. Im Grunde sind diese Versuche, der Natur Rechte zu geben, auch ein Ansatz, sich aus menschlicher Einsicht selbst zu begrenzen. Und dem Recht Funktionen zu übertragen, die traditionell die Religionen innehatten.“[2] Als Vorreiter gelten dabei Länder wie Ecuador und Bolivien, in denen die Rechte von „Mutter Erde“ gesetzlich verankert wurden. In Neuseeland, Indien und Bangladesch wurden bestimmte Flüsse bereits zu juristischen Personen erklärt.[3]

Wo lässt Gott sich finden?

Der Mensch ist nicht nur selbst Teil der Natur, sondern hat in ihrer Schönheit und Vielfalt immer auch nach Spuren des Göttlichen gesucht. Dabei bilden die Schöpfungserzählungen der Bibel die Grundlage für die drei monotheistischen Religionen. Sie stimmen darin überein, dass der Schöpfer in seinem Werk entdeckt werden kann. Ehrfurcht und Dankbarkeit sind die Emotionen, die Menschen ergreifen, wenn sie unvoreingenommen und ohne Eigeninteresse die Wunder der Erde, der bewohnbaren Welt (griech. oikouméne), betrachten.

Demgegenüber gelten die heißen (oder auch polaren) Regionen mit ihren extrem schwierigen Lebensbedingungen seit Jahrtausenden als Orte der Gefahr. Die Menschen siedelten an den Rändern der Wüste wie am Ufer eines Meeres. Kaufleute, die sie durchquerten, waren immer in Gruppen unterwegs und hatten neben den wilden Tieren und drohendem Wassermangel auch räuberische Überfälle zu befürchten. Gleichzeitig gehört die Wüste jedoch, wie der jüdische Theologe Chaim Noll eindrucksvoll zeigt, zu den „Urlandschaft(en) des Menschen,“[4] als ein Anders-Ort, abstoßend und anziehend zugleich. Damit wird sie unter spirituellem Gesichtspunkt zum idealen Raum, um mit dem Transzendenten in Berührung zu kommen. Schon Rudolf Otto hatte 1917 das Heilige in seinem gleichnamigen Standardwerk als mysterium tremendum und mysterium fascinans umschrieben, als ein Geheimnis, das zu fürchten sei und dennoch oder gerade deswegen eine unabweisbare Faszination ausübe.

Die Bibel ist voll von Erzählungen, in denen die Wüste eine persönliche Standortbestimmung und Neuorientierung erst möglich macht und damit auf eine Gottesbegegnung vorbereitet. Beispielhaft sei an den jungen Mose erinnert, der als Neugeborener auf dem Nil ausgesetzt und von der Tochter des Pharaos wie ein Sohn aufgezogen wird. Nachdem er einen Ägypter aus Rache erschlagen hatte, flieht er nach Midian, gründet eine Familie und lässt sich in der Steppe als Hirte nieder. In der Nähe des Gottesberges Horeb widerfährt ihm unvermittelt die schicksalshafte Begegnung mit dem Heiligen:

„Dort erschien ihm der Engel des HERRN in einer Feuerflamme mitten aus dem Dornbusch. Er schaute hin: Der Dornbusch brannte im Feuer, aber der Dornbusch wurde nicht verzehrt. Mose sagte: Ich will dorthin gehen und mir die außergewöhnliche Erscheinung ansehen. Warum verbrennt denn der Dornbusch nicht? Als der HERR sah, dass Mose näherkam, um sich das anzusehen, rief Gott ihm mitten aus dem Dornbusch zu: Mose, Mose! Er antwortete: Hier bin ich. Er sagte: Komm nicht näher heran! Leg deine Schuhe ab; denn der Ort, wo du stehst, ist heiliger Boden“ (Ex 3,2–5).

Es ist das ungewöhnliche Phänomen, das Mose neugierig macht und ihn allein und ohne weitere Schutzmaßnahmen über die Steppe hinausgehen lässt. Im Gespräch mit Gott erhält er seinen Lebensauftrag und ist nach einigen hartnäckigen Versuchen, sich dem zu entziehen, schließlich bereit, nach Ägypten und damit in die Gesellschaft, der er aus gutem Grund entflohen war, zurückzukehren.

Weiter wird im Buch Exodus erzählt, wie das Volk Israel, das mehrere Generationen dem Pharao Frondienste geleistet hatte, von dem Gott, der Mose seinen Namen als „Ich bin der ‚Ich bin da'" (Gen 3,14) geoffenbart hatte, nachts in einer Feuer- und tagsüber in einer Wolkensäule begleitet wird. Mit dem Auszug aus Ägypten wiederholt das Volk als Ganzes den Weg seines Anführers. Vierzig Jahre dauert die Wüstenwanderung, in der die Israeliten gemäß dem Propheten Hosea ihren Befreiergott als ständigen Begleiter kennen und lieben lernen wie ein Kind seine Eltern:

„Als Israel jung war, gewann ich ihn lieb, ich rief meinen Sohn aus Ägypten. Ich war es, der Efraim gehen lehrte, der sie nahm auf seine Arme. Mit menschlichen Fesseln zog ich sie, mit Banden der Liebe. Ich war da für sie wie die, die den Säugling an ihre Wangen heben. Ich neigte mich ihm zu und gab ihm zu essen" (Hos 11,1.3–4).

Aus biblischer Perspektive beginnt die Beziehung zwischen Gott und Mensch also in einem Raum, der die Schwäche und Abhängigkeit des Menschen schonungslos offenlegt. Die Wüste ist jener Ort, an dem Gott den Menschen großzieht, ihm seine Hilfsbedürftigkeit, aber auch das Umsorgt- und Geliebtsein erfahrbar macht. Vor diesem Hintergrund imaginiert derselbe Hosea das in seiner Zeit gottvergessene Volk Israel als dessen einzige umworbene Braut: „Darum will ich selbst sie verlocken. / Ich werde sie in die Wüste gehen lassen / und ihr zu Herzen reden. [...] Dort wird sie mir antworten / wie in den Tagen ihrer Jugend, / wie am Tag, als sie aus dem Land Ägypten heraufzog“ (Hos 2,16.17b).

Solche Aussagen sind es, die die Wüste für jeden Gottsuchenden, der in der Tradition der Bibel steht, zum Sehnsuchtsort machen. Im Neuen Testament sind dies: Johannes der Täufer (Mk 1; Mt 3), Jesus selbst, der in der Wüste versucht wird (Mt 4; Lk 4), und der Apostel Paulus, der sich nach seiner Bekehrung eine Zeitlang in der Wüste Arabiens aufhält (Gal 1,17).

Leben in der Wüste – ausgesetzt und doch integriert

Als jüdische Splittergruppe waren die ersten Christen ursprünglich in den Städten und Siedlungen an den Straßen des römischen Reiches beheimatet. Auch die allmähliche, sich über Jahrhunderte hinziehende Ausdifferenzierung zwischen Mutter- und Tochterreligion geschieht hauptsächlich an den kulturellen Kreuzungspunkten großer Städte. Doch nach dem Ende der Verfolgungszeit und im Zuge der gesellschaftlichen Etablierung des Christentums beginnt eine Entwicklung, die mit der Person des Ur-Vaters des Mönchtums, dem Einsiedler Antonius (251–356), ihren Ausgang nimmt. Seiner Vita zufolge lässt er sich wie Unzählige nach ihm von den Worten Jesu im Matthäusevangelium ansprechen: „Wenn du vollkommen sein willst, geh, verkauf deinen Besitz und gib ihn den Armen; und du wirst einen Schatz im Himmel haben; und komm, folge mir nach!“ (Mt 19,21). Bereits zu Lebzeiten mit dem Beinamen „der Große“ geehrt, löste sein Beispiel eine breite Bewegung des spirituellen Rückzugs in die Wüste aus, die im Laufe einiger Jahrzehnte eine Vielzahl von Lebensformen[5] hervorbrachte. War ursprünglich die Berufung zur Nachfolge Jesu analog zu den Berufungsgeschichten im Evangelium eine individuelle Erfahrung, die zwar als (bedingt) mitteilbar, aber nicht übertragbar angesehen wurde, so wurde nun das Leben als Einsiedler:in (Anachoretentum) bzw. in Gemeinschaft (Koinobitentum) zu einer legitimen und von der Kirche geschützten Lebensweise, die auch Stellvertretercharakter besaß. Gläubige, die „in der Welt" lebten und sich dabei im Alltag der Gefahr einer Entfremdung von Gott und seinem Willen aussetzten, unterstützten diejenigen Mitchristen, die sich für ein radikales Leben nach dem Evangelium entschieden hatten und es ausschließlich dem Gebet und strenger Askese widmeten.

Charakteristisch wird für Gottsuchende in der Wüste neben den Psalmen das Herzensgebet, die ständige Wiederholung eines Bibelverses oder einer Anrufung Christi. Maßgeblicher Gewährsmann ist dafür der Mönchsvater Johannes von Cassian (360–435). Er fasste nicht nur 24 Gespräche mit Mönchen und Nonnen in der Wüste unter dem Titel „Collationes" zusammen, sondern erläuterte auch den Hesychasmus, das mönchische Ruhegebet. Durch die sog. Ruminatio, das Wiederkäuen eines Satzes, wie z.B. des beliebten „O Gott, komm mir zu Hilfe. Herr, eile mir zu helfen!" (Ps 70,2) versenkt sich der Betende in die Gegenwart Gottes und nimmt die Haltung eines Menschen ein, der offen und bereit ist, zu empfangen, was Gott ihm schenken will. Gleichzeitig gewinnt er damit Abstand zu seinen eigenen, oft widerstreitenden Gefühlen, kommt innerlich zur Ruhe und erfährt sich als gestärkt und geliebt.

Bald werden die als Wüstenväter und -mütter bezeichneten Asket:innen zu spirituellen Anlaufstellen. Orientierung und Rat Suchende überwinden ihre eigene Wüstenangst und machen sich auf den Weg, um ein Ohr für ihre Not zu finden – ein Paradox, das in beinahe jeder Religionsgemeinschaft beobachtet werden kann. Menschen suchen Weisung bei denen, die in ganz anderen Kontexten leben als sie selbst. Dabei mag ein Gedanke ausschlaggebend sein, der bis heute aktuell ist: Man muss nicht alle Erfahrungen selbst gemacht haben, um einen Rat geben zu können. Oft ist es gerade die innere Distanz zum gesellschaftlichen und familiären Geschehen, die einen kühlen Kopf bewahren lässt und dazu befähigt, die richtigen Fragen zu stellen.

Ein reger Kontakt zwischen beiden Sphären war also die Voraussetzung dafür, dass sich hier, modern gesprochen, eine Win-Win-Situation einstellte. Bis ins 20. Jahrhundert sprach man im Blick auf Ordenschrist:innen von der sog. engeren Nachfolge Jesu und viele, die diesen Weg nicht gewählt hatten bzw. – in früheren Zeiten – nicht von der Familie dafür bestimmt worden waren, sahen darin eine Entlastung vom Anspruch des Evangeliums. Sie wussten aber gleichzeitig stets um die familiäre Bindung zu jenen, die ihr Leben der Kontemplation oder der Missionierung widmeten, – und um die eigene Verantwortung für sie, auch in finanzieller Hinsicht.

In der Antike galten die Wüstenväter und -mütter als die wahren Philosophen, die ihre Lebenserfahrung bereitwillig weitergaben, vergleichbar der Hebammenkunst des Sokrates, auf der Basis tätiger Menschenliebe und unter Verzicht auf jeglichen persönlichen Vorteil. Lebenspraktische Ratschläge, eine pointierte Art der Gesprächsführung und das überzeugende Leben aus dem Glauben führten dazu, dass zahlreiche Abbas und Ammas, männliche und weibliche Klostervorstände, in Weisheitssammlungen wie den Apophthegmata patrum, dem Meterikon und Gerontikon, um nur einige der Titel zu nennen, namentlich tradiert wurden.[6]

Bis heute dienen diese Schriften aus den Wüstenklöstern als geistliche Lektüre und inspirieren seit Jahrzehnten Menschen zu Wüsten- bzw. Oasentagen. Wer sich regelmäßig, vielleicht einmal im Monat, aus seinem lauten, oft oberflächlichen und ermüdenden Alltag zurückzieht, um sich wenigstens für Stunden ‚leer zu machen', erlebt dies als ein inneres Atemholen und Sensibelwerden für die Gegenwart Gottes im eigenen Leben.

Nicht zuletzt konnte in diesen Wüstengemeinschaften praktiziert werden, was außerhalb der Klausur – von lat. claudere: schließen, abschließen, vgl. das Lehnwort Kloster –, auch in einer zunehmend christlich geprägten Welt immer weniger möglich war: die relative Selbstverwaltung von Frauen. Solche Klöster hielten durch die Jahrhunderte den Gedanken der Emanzipation wach, waren doch ihre Mitglieder buchstäblich ‚aus der Hand' des männlichen Familienoberhauptes, sei es Vater oder Bruder, ‚herausgenommen' (ex manu captae) und unmittelbar Gott überantwortet worden. Die Attraktivität dieses Lebensentwurfes ist, wie wir sehen werden, selbst im 13. Jahrhundert noch ungebrochen, als sich die beiden adeligen Schwestern Klara und Agnes der franziskanischen Armutsbewegung anschließen.

Doch zurück zum Alltag in der Wüste: Die ersten Mönche (gr. monachos: allein lebend), Antonius und seine Schüler, lebten in meist nur wenig angepassten natürlichen Höhlen in der Gegend um die Stadt Theben in Ägypten, äußerst bedürfnislos und gänzlich auf die Unterstützung durch Almosen angewiesen. Später erbaute man sog. Kellia, Gemeinschaftsunterkünfte, es gab eine geregelte Tagesstruktur, in der sich gemeinsames und privates Gebet mit Arbeitseinsätzen für den Lebensunterhalt abwechselten. Daraus entwickelte sich bald eine feste regula, eine vorgegebene schriftliche Ordensregel. Bekannte Beispiele aus der Zeit vor Benedikt von Nursia sind vor allem die Regeln des Antonius, des Pachomius, des Hieronymus und des Augustinus. Die beiden letzteren fungieren wegen ihrer theologischen und kirchengeschichtlichen Bedeutung zudem als Vermittler zwischen östlicher und westlicher Askese: Hieronymus (342–420) hatte die Bibel ins Lateinische (Vulgata) übersetzt und der exzellente Rhetoriker Augustinus (354–430) begründete mit seiner Autobiografie, den Confessiones, zahlreichen Predigten und grundlegenden Schriften zu theologischen Kernfragen eine Interpretationslinie, die bis heute das Gottes- und Menschenbild vieler Christ:innen maßgeblich beeinflusst. Dabei ist allerdings nicht von der Hand zu weisen, dass er, wie es Johann Baptist Metz konstatierte, aus einem leidempfindlichen Christentum ein sündenempfindliches machte.[7]

Von der Wüste in den Wald

Obwohl es bereits vor dem hl. Benedikt (um 480–547) Mönche in Italien gegeben hat, ging die entscheidende Prägung Europas vom benediktinischen Mönchtum aus. Im zweiten „Buch der Dialoge und Wunder der italischen Väter" berichtet Papst Gregor der Große, dass sich der junge Spross einer begüterten Familie in eine später Sacro Speco genannte Felsspalte zurückzog, um dort drei Jahre lang als Einsiedler zu leben, bevor er in der Umgebung 13 Klöster gründete und sich dann auf den Monte Cassino begab, der zur Wiege für alle Benediktinerklöster werden sollte. Hier schrieb Benedikt seine Regel, für die er verschiedene Vorlagen zusammenfasste, aber auch eigene Akzente setzte. Schwerpunkte seiner Spiritualität sind bis heute neben den evangelischen Räten, die bei ihm – bis auf den Gehorsam gegenüber dem Abt – nicht explizit entfaltet werden, die conversio morum, eine beständig neu vollzogene Hinkehr zu Gott, sowie die Sesshaftigkeit, stabilitas congregationis, landläufig auch stabilitas loci genannt. Letztere sollte wohl einen Gegenpol zur Unruhe der Völkerwanderung darstellen. Zwar wurden damals nicht selten auch Klöster von durchziehenden bewaffneten Trupps überfallen und geplündert, doch wollte Benedikt seine Gemeinschaft vor allem gegenüber den sog. Gyrovagen, vagabundierenden Mönchen, abgrenzen (vgl. Regula Benedicti 1,10).

Traditionell siedelten Benediktiner auf der Höhe oder in fruchtbaren, aber unwirtlichen Gegenden, um sie urbar zu machen. Zugleich war es üblich, bestehende heidnische Kultorte wie z.B. das Apolloheiligtum auf dem Monte Cassino umzuwidmen, indem man sie christianisierte. In ihrer Einwirkung auf die raue, noch ungezähmte Natur hatten die Mönche neben größtmöglicher wirtschaftlicher Unabhängigkeit grundsätzlich den Garten Eden (Gen 2) vor Augen und achteten daher auf eine aus heutiger Sicht nachhaltige Bewirtschaftung der natürlichen Ressourcen. Erst recht griffen später die benediktinischen Reformbewegungen der Cluniazenser und Zisterzienser steuernd in die Umgebung ihrer Klöster ein und zogen Nutzen aus Land- und Forstwirtschaft, Vieh- und Fischzucht – immer unter dem Aspekt der Veredelung und Kultivierung.

Wald und vor allem Urwald waren demnach für manche Zweige der benediktinischen Tradition weniger ein Aufenthaltsort, der um seiner selbst willen gesucht und erhalten wurde, als vielmehr eine baumbestandene Wüste, die in ein Paradies verwandelt werden sollte, das seine Bewohner ernährte und zum Lob Gottes veranlasste. Immer blieb dabei das ursprüngliche Claustrum, der ummauerte Klosterbezirk, der Mönchsgemeinschaft vorbehalten. Mit der zunehmenden Klerikalisierung des ursprünglich laikalen Mönchtums[8] entwickelte sich neben dem inneren Kreis ein zweiter oder dritter, der die Laienbrüder (conversi) oder auch zusätzliche Wirkungsfelder, vor allem Klosterschulen, umfasste.

Wie in der orientalischen Wüste wurde nun auch für die Frauen Europas ein Leben möglich, das ganz auf die Begegnung mit Gott in Gebet und Arbeit, beim Studium der heiligen Schriften und in der klösterlichen Gemeinschaft ausgerichtet war. Als die Begründerin des weiblichen Zweiges gilt Benedikts Zwillingsschwester Scholastika (480–543). Der Erinnerung an sie ist die Abtei Santa Scolastica in Subiaco gewidmet, zu der auch das Kloster San Benedetto mit dem Sacro Speco gehört, als sog. Protocoenobium des Ordens.

Ein ursprünglich ganz anderes spirituelles Konzept, das sie bereits im Namen trugen, verfolgten dagegen die irischen Wandermönche. Hier sei exemplarisch Columban der Jüngere (gest. 615) und seine Gefährten erwähnt. Sie zogen rheinaufwärts, um die einheimische Bevölkerung zu missionieren bzw. im christlichen Glauben zu festigen, bauten ihre Hütten gern in die Nähe der Dörfer bzw. ließen sich einfache Wohnstätten für ihren temporären Aufenthalt anweisen. Dabei lebten sie nicht nur nach einer eigenen Regel, sondern brachten auch ihre iroschottische Liturgie mit.

Der in unseren Breiten bekannteste Vertreter innerhalb dieser Gruppe war Gallus (gest. um 640). Er machte sich gegen den Willen Columbans selbstständig, um als Einsiedler in der Nähe von Bregenz sesshaft zu werden. Weil er den Sturz in einen Dornbusch als Zeichen Gottes deutete, ließ er sich im Wald, unmittelbar an der Steinach unweit der Mülenenschlucht, nieder und gründete eine Einsiedlerkolonie, die zu Ursprung von Kloster und Stadt St. Gallen wurde. Ebenso suchte der hl. Meinrad (797–861), ein aus Rottenburg stammender Klosterschüler der Insel Reichenau, die Waldeinsamkeit in der heutigen Schweiz. Ab 828 lebte er auf dem Etzelpass und baute 835 eine Klause „im Finstern Wald" auf dem Gebiet der späteren Abtei Einsiedeln. Dort wurde er am 21. Januar 861 von zwei Landstreichern, die er zuvor gastfreundlich bewirtet hatte, erschlagen.

Selten blieben diese im Volk als Waldmenschen bzw. Waldbrüder bezeichneten Mönche lange allein. Entweder sammelten sie selbst aktiv Gleichgesinnte um sich oder der Ruf ihrer Heiligkeit verbreitete sich so sehr, dass sich ihr Aufenthaltsort – ähnlich wie bei den Asket:innen in der Wüste – zu einem regelrechten Pilgerziel entwickelte. Spätestens nach dem Tod des im Volk als heilig verehrten Ratgebers erweiterten sich diese Orte, die häufig zu Lebzeiten ihres Begründers bereits durch Reliquien im Altar bzw. eine Kirche zu lokalen Heiligtümern geworden waren, zu bäuerlichen Siedlungen oder Klöstern, welche die Erinnerung an den Gründer wachhielten.

Die jahrhundertelang gelebte spirituelle Diversität der Mönchs- und Nonnenklöster wurde schließlich durch die Reformen des Benedikt von Aniane (gest. 821) im Zuge der Vereinheitlichungstendenz, die mit der Herrschaft Karls des Großen im Frankenreich einsetzte, beendet. Die unterschiedlichen Traditionen mussten der nun allein anerkannten Benediktsregel weichen. Damit verstärkte sich eine Art Arbeitsteilung: Mönche und Kleriker hatten das Bildungsmonopol inne, während die einheimischen Herzöge und Könige mit ihren Gefolgsleuten die militärische Verteidigung der Bevölkerung übernahmen. Die ständische Gliederung der mittelalterlichen Gesellschaft bahnte sich also bereits in der Spätantike an. Einer drohenden Erstarrung innerhalb der Mönchs- und Nonnengemeinschaften wirkten zwar zahlreiche, oft gleichzeitig in unterschiedlichen Regionen Europas auftretende Reformbewegungen erfolgreich entgegen, dennoch blieben bis ins frühe 13. Jahrhundert spirituelle Aufbrüche immer dem geistlichen Fundament, das Benedikt gelegt hatte, treu.

Hier sei auch an die hl. Hildegard von Bingen (1098–1179) erinnert. Seit ihrem 5. Lebensjahr besaß sie die innere Schau kosmischer Zusammenhänge und war extrem sensibilisiert für die menschliche Verantwortung gegenüber dem liebenden Schöpfergott. Auf der Synode zu Trier (1147–48) hatte Papst Eugen III. die visionäre Begabung der, wie sie selbst sich nannte, „paupercula femina – armseligen Frau“ kirchlich anerkannt. Schon zu Lebzeiten wurde sie mit dem Titel „Prophetissa Teutonica – deutsche Prophetin“ gerühmt. Sie selbst aber „vergleicht sich“, wie Caecilia Bonn OSB hervorhebt, „mit einer Posaune, die den Ton zwar erklingen lässt, ihn aber nicht selber hervorbringt, denn ein anderer bläst hinein, damit sie ertöne.“[9] Dabei ist das theologische Werk der Äbtissin vom Rupertsberg, die als Universalgelehrte und unermüdliche Mahnerin der Großen ihrer Zeit wirkte, breit gefächert und in seiner Bildsprache überaus vielschichtig und beziehungsreich. Erst in jüngster Zeit wird der Versuch unternommen, die Aktualität ihrer Gedankenwelt in moderner Übersetzung und entsprechender Erklärung allgemein zugänglich zu machen.[10] Hildegards Einsicht, dass Mensch und Natur nicht nur untrennbar aufeinander verwiesen sind, sondern von der Schöpfung an eine Einheit bilden, gehörte jahrhundertelang zu jenen verschütteten theologischen Erkenntnissen, die sich erst jetzt, angesichts der sich bereits abzeichnenden globalen Klimakatastrophe durchzusetzen beginnen. Vor diesem Hintergrund erhält ihre Prophezeiung, das Leben auf der Erde werde zugrunde gehen, „weil der Mensch sich von der Quelle der Grünkraft, der Lebensfülle – Viriditas – Gottes abgenabelt“[11] habe, eine aufrüttelnde Brisanz, zumal sie selbst trotz des klösterlichen Sesshaftigkeitsgebotes noch „im hohen Alter [...] auf Kirch- und Marktplätzen, gelegen oder ungelegen, die Wahrheit Gottes [kündet] in einer Zeit der Spaltung und der moralischen Schwäche.“[12]

Auch wenn es keine Indizien dafür gibt, dass Franz von Assisi, der wenige Jahre nach Hildegards Tod geboren wird, etwas über die Visionärin vom Rhein erfahren hat, so darf man unter dem Blickwinkel einer abendländischen Spiritualitätsgeschichte doch von einer Form der Wiederaufnahme des von Hildegard leidenschaftlich gesponnenen Fadens der Liebe zu Gott und seiner Schöpfung sprechen, die im franziskanischen Lobpreis des Schöpfers, dem sog. Sonnengesang kulminiert. Darüber hinaus setzt der Poverello (ital. kleiner Armer), der sich – ganz wie Hildegard – von Gott selbst unterrichtet weiß,[13] für die entstehende Bruderschaft bewusst einen Kontrapunkt zur hierarchisch strukturierten benediktinischen Gemeinschaft und zeigt so nach rund fünfhundert Jahren einen neuen, unmittelbar dem Evangelium entspringenden Weg der Nachfolge Jesu auf.

Unterwegs zum Rand der Gesellschaft und damit in die Nähe Gottes

Francesco Bernardone (1182–1226), wohlhabender Kaufmannssohn aus Assisi, ist ein Kind des Frühkapitalismus. Die ständische Gliederung der Gesellschaft, im Hochmittelalter voll ausgeprägt, bildet sich in der umbrischen Kleinstadt auch geographisch ab: in der Oberstadt unterhalb der Stauferburg (Rocca), die im Geburtsjahr des Heiligen von dem schwäbischen Grafen Konrad von Urslingen bewohnt wurde, leben die Maiores, adelige Grundbesitzer und kaiserliche Ministerialen. Die Unterstadt dagegen wird von den Minores, den Handwerkern und Kaufleuten, bevölkert. Außerhalb der Stadtmauern gibt es neben den Bettlern und Landstreichern, die ohne gesellschaftliche Bedeutung sind, aber ihre Mitmenschen an die religiöse Pflicht zum Almosengeben erinnern, die Gehöfte und Ansiedlungen der leibeigenen Bauern. Ganz unten in der Rangordnung fristen die Aussätzigen ihr Dasein, lebendige Tote, Menschen ohne Gesicht, die mit Rang und Namen auch die Familienzugehörigkeit verloren hatten. Im besten Fall kommen sie in einem der Leprosenhäuser in der Ebene vor der Stadt unter oder hausen in den Höhlen des hinter Assisi aufsteigenden Subasio, eines Teils des Apennin. Sind Aussätzige auf den Straßen unterwegs, müssen sie durch eine Holzklapper oder eine Glocke rechtzeitig auf sich aufmerksam machen, damit man ihnen ausweichen konnte.

Als Subjekte agieren in dieser Gesellschaft also nur Adelige und Kleriker, die als Domkapitulare bzw. höhere Geistliche das soziale Umfeld des Bischofs von Assisi bilden. Doch um die Jahrhundertwende kommt Bewegung in diese scheinbar festgefügte, gottgewollte Ordnung: 1198 wird die kaiserliche Rocca von den Bewohnern der Stadt zerstört. Dies ist der Auftakt zu immer wieder aufflammenden Kämpfen zwischen den Angehörigen des Adels und den Bürgern der Unterstadt. 1202 wachsen sie sich zu einem Städtekrieg mit der Nachbarstadt Perugia aus, an dem auch der 20jährige Francesco teilnimmt. Dabei gerät er in Gefangenschaft und kommt erst ein Jahr später körperlich krank und desillusioniert zurück. Diese traumatische Erfahrung stürzt den bislang von militärischem Ruhm und sozialem Aufstieg Faszinierten in eine existentielle Krise. Auch die fröhliche Gemeinschaft Gleichaltriger befriedigt ihn nicht mehr.

Der früher so extrovertierte junge Mann sucht Einsamkeit und Stille und findet sie vor der Stadt sowohl in der verlassenen Krypta von San Masseo, das dem Benediktinerkloster von Sassovivo gehört,[14] als auch in der kleinen Kirche San Damiano, die von einem armen Priester betreut wird. Damit folgt Francesco wie vor ihm Antonius und Benedikt der Aufforderung Jesu: „Kommt mit an einen einsamen Ort, wo wir allein sind, und ruht ein wenig aus!" (Mk 6,31). Zweifellos ist er vertraut mit den Gebetspraktiken seiner Zeit und kennt vermutlich auch das Herzensgebet, das über die Benediktiner in Europa heimisch geworden ist.[15] Spiritueller Bezugspunkt wird ihm eine Kreuzesikone in San Damiano, die „als Armenbibel reich ausgemalt, [...] Christus sowohl leidend als auch auferstanden [zeigt] – mit blutenden Wunden, doch ohne Dornenkranz, lebendig und lichtvoll."[16] Die franziskanische Tradition überliefert folgendes Gebet vor diesem Christus mit weit geöffneten Augen als einen der ersten Texte des späteren Heiligen: „Höchster, glorreicher Gott, erleuchte die Finsternis meines Herzens und schenke mir rechten Glauben, sichere Hoffnung und vollkommene Liebe. Gib mir, Herr, [das rechte] Empfinden und Erkennen, damit ich deinen heiligen und wahrhaften Auftrag erfülle" (FQ 13).

Nach Krieg und Krankheitserfahrung sucht Francesco einen tragenden Sinn in seinem Leben. Doch erst ein Traumgesicht auf dem Weg zum Kreuzfahrerheer, dem er sich – vom stolzen Vater prächtig ausgestattet – anschließen will, um die widerstreitenden Pole in seinem Innern zu versöhnen, bringt ihn zur Besinnung. Einer Stimme, die ihn nach seinem Vorhaben fragt, antwortet er, „er wolle nach Apulien ziehen, um Ritterdienste zu leisten, [da] richtete dieser an ihn die besorgte Frage, wer ihm denn Besseres geben könne: der Knecht oder der Herr? Franziskus antwortete: ‚Der Herr', worauf jener erwiderte: ‚Warum suchst du dann den Knecht statt den Herrn?' Darauf Franziskus: ‚Was willst du, Herr, das ich tun soll?'" (FQ 302–303).

Nach der Heimkehr zu den enttäuschten Eltern betet der junge Mann ausdauernd um Neuorientierung und macht in der Begegnung mit einem Aussätzigen schließlich die Gotteserfahrung, die sein Leben von Grund auf verändert. Mehr als 20 Jahre später reflektiert er darüber im Testament: „So hat der Herr mir, [...], gegeben, das Leben der Buße zu beginnen: denn als ich in Sünden war, kam es mir sehr bitter vor, Aussätzige zu sehen. Und der Herr selbst hat mich unter sie geführt, und ich habe ihnen Barmherzigkeit erwiesen. Und da ich fortging von ihnen, wurde mir das, was mir bitter vorkam, in Süßigkeit der Seele und des Leibes verwandelt. Und danach hielt ich eine Weile inne und verließ die Welt" (FQ 59). Francesco erfährt Gott inmitten der ihm bekannten Welt. Er verlässt sie, indem er sich von seinem Vater lossagt und auf sein Erbe verzichtet, um sich ganz dem Schutz der Kirche in der Person des Bischofs zu überantworten – und doch bleibt er, einige größere Reisen ausgenommen, seiner Heimat geographisch nahe. Er lebt in der Welt, ohne „von der Welt" zu sein (vgl. Joh 17,16).

Im Lichte Gottes nimmt Bruder Franziskus, wie er sich fortan nennt, mehr als das bloß Sichtbare wahr, durchschaut die Wirklichkeit auf ihren transzendenten Urgrund hin und weiß sich mit einem Auftrag ausgestattet, der seinem Leben Ziel und Richtung ist. Als Geschöpf Gottes und Bruder aller Mitgeschöpfe, seien sie Mensch, Tier oder Pflanze, will er nun nicht mehr in den Stand der Maiores aufsteigen, sondern radikal und doppelt ein Minderer (pauper minor)[17] werden. Indem er nichts mehr sein eigen nennt, nicht einmal die armselige Kutte, die er trägt, lebt er – für alle sichtbar – die absolute Hinordnung des Menschen auf seinen Schöpfergott. Folgender Auszug aus dem „Spiegel der Vollkommenheit" (verfasst etwa 1318) verdeutlicht jedoch, dass eine solche Haltung sich nicht von selbst einstellt, sondern täglich neu eingeübt werden musste:

„Als er auf dem Berg La Verna die Fastenzeit hielt, machte eines Tages sein Gefährte zur Essenszeit ein Feuer in der Zelle, wo er zu essen pflegte. Und als das Feuer entfacht war, ging er zum seligen Franziskus in die andere Zelle, wo er betete, und brachte das Messbuch mit sich, um ihm das Evangelium jenes Tages vorzulesen. Denn bevor er aß, wollte er immer das Evangelium hören, das an jenem Tag gelesen wurde, wenn er die Messe nicht hören konnte. Als er nun zum Essen zu jener Zelle kam, wo das Feuer entfacht worden war, siehe, da lohte die Feuerflamme bereits bis zum Dach der Zelle empor und setzte sie in Brand. Sein Gefährte aber begann, so gut er konnte, das Feuer zu löschen, doch allein konnte er es nicht. Der selige Franziskus jedoch wollte ihm nicht helfen, sondern nahm ein gewisses Fell mit, das er in der Nacht über sich legte, und ging damit in den Wald. Als aber die Brüder der Niederlassung, die weit von jener Zelle wohnten, gewahrten, dass die Zelle brannte, kamen sie sogleich und löschten das Feuer. Später kehrte der selige Franziskus zum Essen zurück, und nach dem Essen sagte er zu seinem Gefährten: ‚Dieses Fell da will ich von nun an nicht mehr über mich legen, denn wegen meiner Habsucht habe ich nicht gewollt, dass Bruder Feuer es verzehre.‘“

Im Anschluss an diese Episode erläutert der Autor des franziskanischen Quellentextes den charakteristischen Umgang des Heiligen mit der Schöpfung: „Nach dem Feuer liebte er in besonderer Weise das Wasser, durch welches heilige Buße und Zerknirschung dargestellt werden, wodurch der Schmutz der Seele abgewaschen wird, und weil die erste Abwaschung der Seele durch das Wasser der Taufe geschieht. Wenn er sich deshalb die Hände wusch, dann suchte er den Ort so aus, dass das Wasser, das zur Erde fiel, nicht mit den Füßen getreten wurde. Wenn er über Felsen gehen musste, so schritt er mit großer Furcht und Achtsamkeit darüber aus Liebe zu jenem, der ‚Fels' genannt wird. Wenn er daher jenes Psalmwort sprach: Auf einen Felsen hast du mich erhoben, sagte er mit großer Ehrfurcht und Andacht: ‚Zu Füßen des Felsens hast du mich erhoben.' Auch dem Bruder, der Brennholz herrichtete, sagte er, er solle nicht den ganzen Baum fällen, sondern die Bäume so fällen, dass immer ein Teil unversehrt bleibe, aus Liebe zu jenem, der unser Heil am Holz des Kreuzes wirken wollte. Gleicherweise sagte er dem Bruder, der den Garten besorgte, dass er nicht die ganze Erde nur mit essbaren Kräutern bebauen, sondern einen Teil der Erde freilassen solle, damit sie grünende Kräuter hervorbringe, die zu ihrer Zeit die Schwestern Blumen sprossen ließen, aus Liebe zu jenem, der Blume des Feldes und Lilie der Täler genannt wird. Er sagte überdies, der Bruder Gärtner müsse immer in einem Teil des Gartens ein schönes Beet anlegen, dort duftende Kräuter setzen und lauter solche Kräuter anpflanzen, die schöne Blumen hervorbringen, damit sie zu ihrer Zeit alle, die jene Kräuter und Blumen betrachten, zum Lob Gottes einladen würden. Denn jedes Geschöpf sagt und ruft: ‚Gott hat mich deinetwegen gemacht, o Mensch!' So haben wir, die wir mit ihm zusammen gewesen sind, gesehen, wie er sich innerlich und äußerlich an fast allen Geschöpfen stets so sehr freute, dass, wenn er sie berührte und sah, sein Geist nicht auf Erden, sondern im Himmel zu sein schien. Und wegen der vielen Tröstungen, die er in den Geschöpfen erfahren hat und immer wieder erfuhr, dichtete und komponierte er kurz vor seinem Hinscheiden diese ‚Lobpreisungen des Herrn auf seine Geschöpfe',[18] um die Herzen derer, die sie hörten, zum Lobe Gottes anzuspornen, und damit der Herr selbst in seinen Geschöpfen von den Menschen gelobt werde" (FQ 1323–1325).

Auch wenn diese Darstellung – fast hundert Jahre nach dem Tod des Heiligen – bereits hagiographisch überhöht erscheint, so zeigt sie doch besonders anschaulich das außergewöhnliche, herrschaftsfreie Verhältnis zu allem, was ihn umgibt. Feuer, Wasser, belebte und unbelebte Natur stehen für ihn in einem unmittelbaren Verhältnis zu Gott als dem Ursprung alles Geschaffenen und werden ausschließlich unter dem Blickwinkel der biblischen Offenbarung betrachtet. Folglich sind in seinen Augen Demut und Dankbarkeit die einzig passende Antwort des Menschen auf das, was ihm von Gott in solcher Fülle geschenkt ist. Zwar geht er dabei gemäß der Vorstellung seiner Zeit vom Menschen als ‚Krone der Schöpfung' aus, doch berechtigt diese vermeintliche Sonderstellung nicht zur Herrschaft, sondern findet ihre Bedeutung darin, dass er als einziges vernunftbegabtes Wesen die Schönheit und Vollkommenheit der Natur erfassen kann. Dies verpflichtet Franziskus, um es mit aktuellen Begriffen zu benennen, Nachhaltigkeit zu fördern und die natürliche Diversität zu erhalten. Dabei entspringt seine ehrfürchtige Interaktion mit allem Geschaffenen nicht einem im letzten egoistisch motivierten Selbsterhaltungstrieb, wie er heute zwangsläufig unser aller Engagement für die Bewahrung der Schöpfung kennzeichnet, sondern beruht auf einer freiwilligen, ausschließlich vom Evangelium her begründeten Beschränkung des eigenen Lebensraumes zugunsten allen anderen Lebens. Auch wenn es daher nur zu begrüßen ist, dass die Popularität des Franz von Assisi seit der Erhebung zum Patron der Umwelt (1979) durch Papst Johannes Paul II. enorm zunahm und bis heute sich auf hohem Niveau bewegt, so sollten gerade Christ:innen nicht müde werden, Bruder Franziskus, der den Vögeln predigte und die ganze Schöpfung zum Lobpreis Gottes aufrief, in seinem authentischen Kontext zu verankern. Denn für diesen schöpfungssensiblen Gläubigen im beginnenden 13. Jahrhundert ist selbstverständlich, dass in der Menschwerdung Jesu Christi, seinem Tod und seiner Auferstehung die bei der Schöpfung grundgelegte Gotteskindschaft jedes Einzelnen erst ihre Vollendung findet.

Schon zu Beginn seines neuen Lebens betrachtet sich Francesco, noch ganz der Gedankenwelt des mittelalterlichen Hofes verhaftet, als „Herold eines großen Königs." Eine drastisch-realistische und dabei für den selbst gewählten sozialen Status sehr sprechende Szene überliefert Thomas von Celano, Mitbruder und erster Biograf des Heiligen:

„Als er nun notdürftig in ein Tuch gehüllt – einst hatte er sich in Scharlach gekleidet – dahinzog und gerade durch einen Wald hindurch dem Herrn auf Französisch Loblieder sang, fielen plötzlich Räuber über ihn her. Wie sie ihn mordgierig fragten, wer er sei, antwortete Franziskus zuversichtlich und rief mit voller Stimme: „Der Herold des großen Königs bin ich! Was geht das euch an?“ Doch diese schlugen ihn, warfen ihn in eine Grube voll tiefen Schnees und riefen ihm nach: ‚Da lieg gut, bäuerischer Herold Gottes!‘ Er aber wälzte sich hin und her, schüttelte sich den Schnee ab und sprang, als die Räuber abzogen, aus der Grube heraus. Dann begann er, erheitert in großer Freude, mit lauter Stimme dem Schöpfer aller Dinge Loblieder in den Wald hineinzusingen“ (FQ 208–209).

Solche Episoden mögen in späterer Zeit das Bild vom harmlosen „Troubadour Gottes“ verfestigt haben, zeigen jedoch in der unmittelbaren Begegnung mit dem „Liebhaber jeglicher Demütigung“ (FQ 209), welche Sprengkraft diese Haltung des unbeirrbaren Vertrauens auf Gott für Kirche und Gesellschaft haben konnte, wenn sich deren Vertreter:innen denn davon beeindrucken ließen.

Konsequent lehnte Franziskus nicht nur den Besitz von Geld, Grundstücken, Häusern etc. für sich und seine Gefährten ab, sondern auch jegliche Rang- und Machtordnung innerhalb der rasch wachsenden Brüdergemeinschaft.[19] Er verlangte von denen, die sich ihm anschlossen, dass sie „um Gottes willen jeder menschlichen Kreatur untertan“ (FQ 82) sein sollten. Damit konzipierte er einerseits ein Gegenmodell zur zeitgenössischen Ständeordnung und bezog andererseits in einer Zeit, die von religionspolitischen Konflikten mit der islamischen Welt geprägt war, die als Todfeinde der Christenheit geltenden „Sarazenen" bewusst mit ein. Durch seinen Besuch bei Sultan al Kāmil 1219, mitten in den Kämpfen des fünften Kreuzzugs (1217–1222), setzte er schließlich auch ein prophetisches Zeichen für ein gewaltfreies Miteinander, das erst in jüngster Zeit – 800 Jahre nach dem tatsächlichen Ereignis – in seiner Tragweite erkannt, erforscht[20] und zur Nachahmung empfohlen wird.

Nicht zuletzt legen die Minderen Brüder (fratres minores) gerade zu einer Zeit, als die Ausbeutung der Natur durch den Aufschwung der Bergwerke in Europa in eine neue Phase tritt und Jagd- und Fischereirechte einmal mehr als Privilegien des Adels bzw. der Klöster festgeschrieben werden, die Zerbrechlichkeit und Verletzlichkeit des Menschen offen: Sie erbitten Unterschlupf in Scheunen und verlassenen Gehöften, leben in den natürlichen Höhlen der umbrischen Berge und erwerben sich ihren Lebensunterhalt durch Gelegenheitsarbeiten oder Bettelei – immer auch in stellvertretender Unterstützung für die Aussätzigen, zu denen sie sich gesandt wissen.

Von den Waldschwestern zu den „Armen Frauen von San Damiano“

Wie Franziskus und seine Gefährten, die allen Schichten und Berufen der Gesellschaft entstammen, sind auch Chiara di Favarone degli Offreduccio (1193–1253) und ihre jüngere Schwester Caterina, die sich später Agnes nennen wird, entschlossen, des „Herrn Jesu Christi Lehre und Fußspuren“ (FQ 70) nachzufolgen. In der Palmsonntagsnacht 1211 verlässt Chiara heimlich ihr adeliges Vaterhaus und flieht in die bewaldete Ebene zur Kapelle Santa Maria degli Angeli, wegen ihrer geringen Größe auch Portiuncula genannt, welche die Brüder mit eigenen Händen wiederaufgebaut und zum Mittelpunkt ihrer Bewegung erkoren haben. Dort legt sie in die Hand des Poverello das Versprechen ab, ihr Leben ausschließlich Christus zu weihen. Über die Benediktinerinnenabtei San Paolo delle Abbadesse und die Waldschwestern von Sant'Angelo di Panzo, wohin wenig später auch Agnes flieht, führt im Mai desselben Jahres der Weg der Gemeinschaft von inzwischen vier Frauen an jenen Ort, der für Franziskus' Entdeckung des nahen Gottes eine Schlüsselrolle spielte: San Damiano. Das Kirchlein mit dem angrenzenden Priesterhaus wird zur Wohnstätte der Minderen Schwestern (sorores minores).

Auch wenn die Gott geweihten Frauen nicht zusammen mit den Brüdern umherziehen und das Evangelium verkünden können, so bleibt ihr Bewegungsradius doch von Anfang an nicht auf einen ummauerten Klosterbezirk, wie bei Benediktinerinnen, beschränkt. Dennoch wird die Schwesterngemeinschaft, die sich in der Mitte des zweiten Jahrzehnts von Papst Innozenz III. ausdrücklich ein Leben in vollkommener Besitzlosigkeit (Armutsprivileg) hatte bestätigen lassen, bereits 1230 von dessen Nachfolger Gregor IX. verpflichtet, sich als Kloster (lat. monasterium) kirchenrechtlich dem Gewohnten anzupassen. Ein juristischer Akt, der Klara und ihre Gefährtinnen zu Protest herausforderte, betrachteten sie dies in der Konsequenz doch als einen Verrat an ihrer von Gott geschenkten Berufung.

Neuere Forschungen heben deshalb hervor, dass sie von Beginn an in San Damiano ein dem Evangelium abgeschautes, zutiefst apostolisches Leben geführt haben,[21] ähnlich dem der Brüder in den Einsiedeleien. Nach dem Beispiel der Geschwister in Betanien, deren Gastfreundschaft Jesus wiederholt genoss (Lk 10,38–42), betätigen sich einige der Schwestern, dem Vorbild der Martha folgend, im Garten und auf dem Feld, pflegen den Kontakt zu Hilfsbedürftigen und Ratsuchenden aus der Stadt sowie zu den beiden Brüdern, die nach der Weisung des Franziskus die geistliche und leibliche Sorge der Schwestern übernommen hatten. Währenddessen führen die anderen innerhalb des umgebauten Hauses – das Kirchenschiff wurde erheblich vergrößert und im ersten Stock kam ein gemeinsamer Schlafraum sowie ein abgeschirmtes Oratorium hinzu –, das kontemplative Leben der Maria. Dabei war ein Wechsel von actio und contemplatio, von Tätigkeit und Gebet, wohl in Klaras Gemeinschaft so vorgesehen, wie es der kurzen Regel des Franziskus für die als Einsiedler[22] lebenden Brüder entsprach: „Jene, die für ein intensiveres religiöses Leben in Einsiedeleien verweilen wollen, sollen zu drei oder höchstens zu vier Brüdern sein. Zwei von ihnen sollen die Mütter sein und zwei Söhne oder wenigstens einen haben. Jene beiden, die Mütter sind, sollen das Leben der Martha führen, und die beiden Söhne sollen das Leben der Maria führen; diese sollen einen geschlossenen Bezirk haben, in dem ein jeder seine Zelle habe, in der er bete und schlafe. [...] Die Söhne aber sollen bisweilen das Amt der Mütter übernehmen, wie es ihnen gut scheint, dies abwechselnd für eine Zeit zu regeln – auf dass sie sorgsam und eifrig bemüht seien, all das oben Gesagte zu beobachten“ (FQ 103).

Es mag auf den ersten Blick verwundern, dass Franziskus, wenn er auf Familienstrukturen zurückgreift, die fürsorglichen Brüder, die die Rolle des Ernährers übernahmen, nicht als „Väter“ bezeichnet. Der Grund dafür liegt in seiner konsequenten Beobachtung des Evangeliums. Das Wort Jesu, „auch sollt ihr niemanden auf Erden euren Vater nennen; denn nur einer ist euer Vater, der im Himmel“ (Mt 23,9) überträgt Franziskus auf seine Gemeinschaft, in der es weder einen „Abt“ noch einen „Pater“ gibt, sondern alle „Brüder“ sind. Dabei hat er, wie der obige Text zeigt, auch keine Scheu, sich zur Erklärung des Umgangs untereinander traditionell weiblicher Rollenzuschreibungen zu bedienen. Ja, sogar biologische Vorgänge, die Frauen vorbehalten sind, wie Empfängnis, Schwangerschaft und Geburt, werden von ihm auf alle übertragen, die sich vom Evangelium ansprechen lassen, wie der sog. Erste Brief an die Gläubigen, eine schriftlich verbreitete „Musterpredigt“[23] des Heiligen illustriert: „[...] O wie selig und gesegnet sind jene Männer und Frauen, [...] denn auf ihnen wird der Geist des Herrn ruhen, und er wird sich bei ihnen eine Wohnung und Bleibe schaffen, und sie sind Kinder des himmlischen Vaters, dessen Werke sie tun, und sie sind Verlobte, Geschwister und Mütter unseres Herrn Jesus Christus. Verlobte sind wir, wenn die gläubige Seele durch den Heiligen Geist unserem Herrn Jesus Christus verbunden wird. Geschwister sind wir ihm, wenn wir den Willen des Vaters tun, der im Himmel ist; Mütter sind wir, wenn wir ihn durch die göttliche Liebe und ein reines und lauteres Gewissen in unserem Herzen und Leibe tragen; wir gebären ihn durch ein heiliges Wirken, das anderen als Vorbild leuchten soll“ (FQ 123–124). Auf diesen konsequent durchgehaltenen, nur scheinbar neuen, weil zutiefst biblisch fundierten, Beziehungskoordinaten baut, wie wir noch sehen werden, auch die franziskanische Mystik auf. Sie wiederum hat ihren zentralen Ort in den erwähnten Einsiedeleien.

Für die ersten Jahre der franziskanischen Bewegung dürfen wir bei einem solchen Eremo (= Klause) allerdings nicht von einem festgemauerten Gebäude ausgehen. Vielmehr ist „zu denken [...] an Grotten, Felshöhlen, Hütten aus Stein, Lehm und Sträuchern, an Unterschlupfmöglichkeiten einfachster Bauart, die in einem umfriedeten Terrain verstreut waren und meist eine Kapelle als Mittelpunkt hatten."[24] Dass sich solche Orte (loca bzw. luoghi[25]) der Abgeschiedenheit am besten im Wald einrichten ließen, liegt nahe. Vermutlich sammelten die als „Mütter" Tätigen Pilze, Kastanien, Beeren und andere Waldfrüchte. Wohl kaum suchten sie jeden Tag eine menschliche Siedlung auf, um als Tagelöhner für Naturalien zu arbeiten oder Essen zu erbetteln. Denn es galt „im 13. Jahrhundert eine klare ‚Fastengrammatik' (G. P. Freeman) und eine Hierarchie in der Enthaltung von bestimmten Speisen. Sie kannte sieben Schritte, die in einer Reihenfolge, welche strenger wurde und kumulativ zu verstehen ist, einzuhalten waren: (7) Fleisch, (6) (tierisches) Fett, (5) Milch, Milchprodukte und Eier. Darauf folgten die Fastenspeisen: (4) Fisch, (3) gekochte Speise und Wein, (2) Rohkost, Früchte, Nüsse und Öl, (1) Wasser, Brot und Salz, (0) Totalfasten."[26] Die Schwestern und Brüder aßen also selten mehrmals am Tag und in den kirchlich gebotenen Fastenwochen vor den sog. geprägten Zeiten, also im Advent und in der vorösterlichen Bußzeit, sowie in der Vorbereitung auf manche Hochfeste sogar nur an bestimmten Tagen in der Woche.[27]

Der „finstere Wald“ als Ort des Zusammentreffens mit den wilden Tieren

Auch wenn die Wälder der italienischen Halbinsel aufgrund ihrer starken forstwirtschaftlichen Nutzung schon zu Zeiten des Römischen Reiches im Hochmittelalter sicher nicht mehr so undurchdringlich waren wie die Wälder nördlich der Alpen, so blieben sie doch jenseits der Saumpfade und Passstraßen immer noch voller Gefahren, gerade an den steilen Hängen Umbriens, dem heute noch immer „grünen Herzen Italiens“. Wer sich im Wald bewegte, musste sich gut auskennen, um sich nicht zu verirren. Bergschluchten und reißende Sturzbäche nach der Schneeschmelze waren keine Seltenheit, auch mit Stürmen und Blitzeinschlägen hatten Wanderer immer zu rechnen. Bären und Wölfe, in der Regel menschenscheu und doch unberechenbar,[28] streiften durch das Unterholz oder wurden unvermittelt in natürlichen Höhlen aufgestöbert. Nicht zuletzt war, wie bereits oben deutlich wurde, der Wald auch Aufenthaltsort von Menschen, die mit dem Gesetz in Konflikt geraten waren und als Wegelagerer auf reiche Beute hofften bzw. ihr Revier gewaltsam verteidigten.

Dabei ist das Leben bei und sogar mit den wilden Tieren (vgl. Mk 1,13) wieder eine Gemeinsamkeit von Gottsuchenden in der Wüste und im Wald. So hatte der hl. Hieronymus der Legende nach einen Löwen als Gefährten und der hl. Gallus wie auch der Bistumspatron von München und Freising, der hl. Korbinian (gest. um 730), zähmten im Namen Gottes einen Bären, der ihnen fortan zu Diensten war.

Auch wenn wir heute solche Erzählungen gern in das Reich der Legende verweisen und man schon in der Antike bei den Asket:innen auftretende Tiere als sichtbar gewordene animalische Leidenschaften des Menschen deutete,[29] so zeigt ein historischer Blick auf das Nebeneinander bzw. die Kohabitation von Mensch und Tier, dass „die Angst der Tiere vor den Menschen kein Naturgesetz“[30] ist. Das Gegenteil ist der Fall, wie der Naturwissenschaftler Jens Soentgen betont: „Die Tiere sind gegenüber dem Menschen nicht von Natur aus scheu. Ihre Furcht ist erlernt und wird als erlernte an die nächste Generation weitergegeben. Dafür gibt es eine Reihe von Indizien. Im Zeitalter der Entdeckungen wurden zahlreiche Inseln von Europäern angesteuert, deren Tierwelt keinerlei Scheu vor Menschen zeigte.“[31] Dies lässt sich heute noch bestätigen, wenn man sich verirrt hat und z.B. in den Alpen in Bereiche vordringt, die für den Tourismus nicht erschlossen wurden. Tatsächlich aber sind die Jagd auf die Tiere und ihre Domestizierung zwei Seiten derselben Medaille. Beide entspringen dem Herrschaftstrieb des Menschen. Mit Recht weist Soentgen auf dessen verheerende Folgen hin: „Die Angst der Tiere vor den Menschen ist die Innenseite des Anthropozäns. Diese Angst hat eine ganze Kaskade von Effekten. Tiere, die sich fürchten, essen weniger, sie bringen weniger Junge zur Welt. Und: Tiere, die sich fürchten, zeigen sich nicht. Sie verlegen ihre Aktivitäten vom Tag in die Nacht und meiden in ihrem Habitat alle Orte, an denen sie Gefahr laufen, dem Furchtbaren zu begegnen, das sie ängstigt. So hat die Angst eine Vielzahl von sekundären ökologischen Auswirkungen. Die Angst vertieft die Entfremdung zwischen Mensch und Natur, weil sie dazu führt, dass Begegnungen zwischen Wildtieren und Menschen selten und monoton werden."[32]

Wohl in keiner Heiligenvita kommen so viele Tiere vor wie in der des Franz von Assisi. Dabei fällt auf, dass es entgegen der Spiritualitätstradition kaum darum geht, damit seine innerseelischen Konflikte sicht- und beschreibbar zu machen. Vielmehr wird variantenreich – und mit erkennbarem Staunen – sein scheinbar so selbstverständliches Leben im Einklang mit Flora und Fauna, speziell der des Waldes, thematisiert. Zu einer Zeit, als die menschliche Herrschaft über die Tiere längst unumkehrbare Praxis geworden ist, erschien es den Zeitgenossen wichtig, die Verantwortung des Menschen für alles Lebendige zu betonen und den schützenden, ja ausgesprochen liebevollen Umgang des hl. Franziskus gerade mit jenen Wild- und Haustieren zu dokumentieren, die der Mensch zum Verzehr fing bzw. züchtete. Auffällig ist nicht zuletzt die von der biblischen Symbolik inspirierte besondere Wertschätzung des Poverello für Tiere, die man traditionell in Beziehung zum menschgewordenen Sohn Gottes setzte, nämlich Tauben und Lämmer. Folgende Beispiele aus den Fioretti und den Aufzeichnungen des Julian von Speyer, der um 1232/35 die Biografie des Thomas von Celano zusammenfasst und dabei eigene Akzente setzt, mögen dies illustrieren:

„Ein Junge hatte einst eine Menge Turteltauben gefangen und trug sie zum Markt, um sie zu verkaufen. Da begegnete ihm der heilige Franziskus, der immer ein besonderes Erbarmen mit sanftmütigen Tieren hatte, sah jene Tauben, blickte sie mitleidsvoll an und sagte zu dem Jungen: ‚O guter Junge, ich bitte dich, gib sie mir. Diese so unschuldigen Vögel, mit denen in der Schrift die keuschen, demütigen und gläubigen Seelen verglichen werden, sollen nicht in die Hände grausamer Menschen fallen, die sie töten.' Auf Eingebung Gottes hin gab er sie sogleich alle dem heiligen Franziskus. Der aber nahm sie in seinen Schoß und begann mit ihnen liebevoll zu reden: ‚O ihr meine Schwestern Tauben, so einfältig, unschuldig und keusch, warum habt ihr Euch fangen lassen? So will ich euch jetzt dem Tode entreißen und euch Nester bauen, auf dass ihr Frucht bringt und euch nach dem Gebot eures Schöpfers vermehrt.' Der heilige Franziskus ging also hin und baute allen ein Nest. Sie aber benutzten sie und fingen an, vor den Brüdern Eier zu legen und sie auszubrüten. Sie waren so zahm und zutraulich gegenüber dem heiligen Franziskus und den anderen Brüdern, als ob sie Hühner wären, die immer schon von ihnen gefüttert wurden. Sie flogen niemals fort, bevor nicht der heilige Franziskus ihnen mit seinem Segen die Erlaubnis zum Fortfliegen gegeben hatte. Dem Jungen aber, der sie ihm gegeben hatte, sagte der heilige Franziskus: ‚Mein Sohn, du wirst noch Bruder in diesem Orden sein und Jesus Christus in Gnade dienen.' Und so geschah es. Denn der Junge wurde wirklich Bruder und lebte im Orden in großer Heiligkeit“ (FQ 1384–1385).[33]

„Es flohen die Tiere des Waldes auch öfters zum seligen Franziskus wie zu einem völlig sicheren Hafen, als ob sie, von Vernunft geleitet, seine Zuneigung ihnen gegenüber erkennen würden. Denn als er bei dem Dorf Greccio weilte, sah er ein Häslein, das, lebendig in einer Schlinge gefangen, von einem Bruder gebracht wurde. Von großer Liebe zu ihm bewegt, sprach dieser ganz sanfte Mann: ‚Bruder Häslein, komm zu mir! Warum hast du dich so betrügen lassen?‘ Als es der Bruder losließ, lief es sofort, gleichsam zur Sicherheit, zu dem Mann Gottes und ruhte in seinem Schoß wie ein gezähmtes Tier. Wie oft es aber der selige Mann auf die Erde setzte, damit es fortliefe, so oft kehrte es zu ihm zurück, ohne eine andere Freiheit zu suchen, bis er am Ende anordnete, es solle von den Brüdern in den nahegelegenen Wald gebracht werden. Mit einem Kaninchen, das ein schwer zu zähmendes Tier ist, tat er etwas Ähnliches, als er zu einer Zeit auf einer Insel im See von Perugia weilte“ (FQ 550).

„[...] Der Diener des Allerhöchsten hatte eines Nachts im Kloster S. Verecondo in der Diözese Gubbio Herberge genommen. In dieser Nacht nun brachte ein Schaf ein Lämmlein zur Welt. Ein gar grausames Schwein stand dabei, das ohne Erbarmen mit dem unschuldigen Leben das Lämmlein mit gierigem Biss tötete. Als die Leute in der Frühe aufstanden, fanden sie das Lämmlein tot, erkannten aber richtig, dass das Schwein an dieser Untat schuld war. Als der fromme Vater davon hörte, wurde er von Mitleid gerührt. Er dachte an ein anderes ‚Lamm‘ und beklagte das tote Lämmlein. In Gegenwart aller sprach er: ‚Ach, Bruder Lämmlein, unschuldiges Tier, das sich den Menschen immer nützlich erweist! Verflucht sei das verruchte Schwein, das dich tötete. Weder ein Mensch noch ein Tier soll von ihm essen!‘ [...] Sogleich begann das bösartige Schwein krank zu werden; drei Tage lang musste es zur Strafe Qualen erleiden, dann endlich fand es den Rachetod. Man warf es in den Klostergraben, wo es lange Zeit lag. Ausgetrocknet wie ein Brett, diente es keinem noch so hungrigen Lebewesen als Nahrung“ (FQ 361–362).

Dieses letzte Beispiel aus der zweiten Lebensbeschreibung des Thomas von Celano soll zwei möglichen Missverständnissen vorbeugen: Zum einen wäre es zu kurz gegriffen, in Franz von Assisi einen Vorläufer von Vegetarier:innen bzw. Veganer:innen zu sehen. Denn selbst zu bestimmen oder sogar auszuwählen, was man essen will, stünde völlig im Gegensatz zu seiner Armutsauffassung. Stattdessen war für ihn folgende, eindringlich wiederholte Aussage Jesu so bindend, dass er sie auch in seine Regel (vgl. FQ 73) aufnahm: „Wenn ihr in ein Haus kommt, so sagt als Erstes: Friede diesem Haus! [...] Bleibt in diesem Haus, esst und trinkt, was man euch anbietet; denn wer arbeitet, ist seines Lohnes wert. Zieht nicht von einem Haus in ein anderes! Wenn ihr in eine Stadt kommt und man euch aufnimmt, so esst, was man euch vorsetzt“ (Lk 10,5–8).

Zwar haben wir bereits erfahren, dass die Fastenvorschriften ohnehin kaum Fleischgenuss vorsahen, doch ist es in den Augen der minderen Brüder mit ihrer Lebensform nicht vereinbar, angebotene Speisen nicht zu essen, ganz gleich, ob es sich um Reste eines Festmahles oder Küchenabfälle handelt. Zum anderen offenbart die Strenge, mit der Franziskus das Schwein in diesem Quellentext für die sinnlose Tötung des Lammes verantwortlich macht, dass es ihm um Wiederherstellung der Gerechtigkeit[34] geht. Sie ist für ihn – ganz biblisch – ein Ausdruck der Liebe Gottes. Was uns heute an den Tiererzählungen unglaubwürdig, vielleicht sogar kitschig erscheinen mag, muss als Hinweis auf das ursprüngliche Miteinander aller Geschöpfe gelesen werden. Franziskus vermittelt seinen Mitmenschen eine Ahnung vom einstigen Paradies (Gen 1,20–31) und gibt zugleich einen Ausblick auf das, was mit dem Kommen des Messias verheißen ist:

„Der Wolf findet Schutz beim Lamm, / der Panther liegt beim Böcklein. Kalb und Löwe weiden zusammen, / ein kleiner Junge leitet sie. Kuh und Bärin nähren sich zusammen, / ihre Jungen liegen beieinander. / Der Löwe frisst Stroh wie das Rind. Der Säugling spielt vor dem Schlupfloch der Natter / und zur Höhle der Schlange streckt das Kind seine Hand aus. Man tut nichts Böses / und begeht kein Verbrechen / auf meinem ganzen heiligen Berg; denn das Land ist erfüllt von der Erkenntnis des HERRN, / so wie die Wasser das Meer bedecken“ (Jes 11,6–9).

Der Wald als Raum der Intimität zwischen Gott und Mensch

Im Folgenden soll anhand von ausgewählten Quellentexten gezeigt werden, wie Franz und seine Brüder den Wald für sich als natürlichen Ort des Gebetes entdeckten. Dabei wird der Schwerpunkt bewusst nicht auf die historische Bedeutung der Zeugnisse gelegt, sondern die Auswahl nach inhaltlichen Gesichtspunkten getroffen. Die unmittelbare Begegnung mit diesen mehrhundertjährigen Schriften, deren Verfasser zwischen historisch-biografischer Wahrheit und hagiographischer Überformung zum Zwecke der spirituellen Erbauung der Leser:innen nicht (streng) unterschieden, bedarf, wie wir gesehen haben, einer gewissen Gewöhnung. Doch kann hinter der hymnischen Sprache und teils verklärenden Sicht auf die Einzigartigkeit des Heiligen sicher die Kernaussage entdeckt und für das eigene Leben fruchtbar gemacht werden.

Anders als die Benediktiner oder andere Einsiedler des ersten Jahrtausends suchten sich die Minderen Brüder in der Regel Rückzugsorte, die so abgelegen und mitunter schwer zugänglich waren, dass sie sich nicht für eine größere Ansammlung von Menschen oder eine (spätere) Stadtgründung eigneten. Darin waren sie den Mönchen in der Wüste verwandt. Eine prominente Ausnahme bildet eine Insel im heutigen Trasimener See:

„Als der heilige Franziskus einmal zur Fastnacht in der Nähe des Sees von Perugia im Hause eines ihm ergebenen Mannes war, bei dem er die Nacht beherbergt war, wurde ihm von Gott eingegeben, er soll auf eine Insel des besagten Sees gehen und dort die Fastenzeit halten. Der heilige Franziskus bat also seinen getreuen Freund, er möge ihn um der Liebe Christi willen mit seinem Boot auf eine Insel des Sees bringen, auf der kein Mensch wohnte. Dies soll er in der Nacht auf den Aschermittwoch tun, damit es niemand merke. Wegen seiner großen Verehrung für den heiligen Franziskus erfüllte er ihm getreulich seine Bitte und brachte ihn auf die Insel. Der heilige Franziskus aber nahm nichts mit sich, außer zwei kleine Brote. Als sie auf der Insel angelangt waren und der Freund sich aufmachte, nach Hause zurückzukehren, bat ihn der heilige Franziskus inständig, niemandem mitzuteilen, dass er sich hier aufhalte, und auch selbst nicht vor dem Gründonnerstag zu ihm zu kommen. Und so fuhr jener ab, der heilige Franziskus aber blieb allein zurück. Da es dort keine Behausung gab, in die man sich hätte zurückziehen können, kroch er in eine dichte Hecke, die viel Schlehdorn und Buschwerk hatte und so etwas wie eine kleine Hütte oder einen Unterschlupf bildete. An diesem Ort widmete er sich dem Gebet und der Betrachtung himmlischer Dinge. Er verweilte dort die ganze Fastenzeit, ohne etwas zu essen und zu trinken, außer der Hälfte eines der zwei kleinen Brote. Dies stellte nämlich jener Freund fest, als er am Gründonnerstag zu ihm zurückkehrte und von den zwei Broten ein ganzes und die Hälfte des anderen vorfand. Die andere Hälfte, so meint man, habe der heilige Franziskus aus Ehrfurcht vor dem Fasten Christi, des Gebenedeiten, gegessen, der vierzig Tage und vierzig Nächte fastete, ohne irgendeine materielle Speise zu sich zu nehmen. Mit jenem halben Brot trieb er das Gift der Selbstüberhebung aus und dann fastete er nach dem Beispiel Christi vierzig Tage und vierzig Nächte. Danach ließ Gott an jenem Ort, wo der heilige Franziskus solch wunderbare Entsagung geübt hatte, um seiner Verdienste willen viele Wunder geschehen. Aus diesem Grunde begannen die Menschen dort Häuser zu bauen und zu wohnen. In kurzer Zeit entstand eine schöne und große Burg, wo sich auch jene Niederlassung der Brüder befindet, die sich Inselniederlassung nennt. Heute noch [wohl um das Jahr 1385] pflegen die Männer und Frauen dieser Burg große Verehrung und Ergebenheit für jenen Ort, an dem der heilige Franziskus diese Fastenzeit gehalten hatte“ (FQ 1358–1359).

Hatten die Benediktiner und andere Missionare in den ersten Jahrhunderten nach Christus vor allem heidnische Kultstätten zum Ausgangspunkt ihrer Evangelisierung gemacht, so gingen Franz und seine Gefährten direkt in die Städte und Dörfer, um zu predigen. Für ihre eigenen Niederlassungen wählten sie verlassene oder verfallene Kapellen und Bildstöcke in der bewaldeten Ebene, also unter Einheimischen bekannte Orte aus. In der Regel gab es, wie wir bereits gesehen haben, auch einen Eigentümer des Grundstücks bzw. des aufstehenden Gebäudes. Dieser hatte sich entweder mit der

Nutzung durch die Brüder einverstanden erklärt oder zeigte sich als Wohltäter, indem er ihnen von sich aus einen Hang bzw. ein Waldstück für ihre Zwecke überließ.

Während der jeweilige sakrale Raum, der nach wie vor Wanderern oder Schutzsuchenden zur Verfügung stand, dem gemeinsamen Gebet diente, zogen sich die Brüder zum persönlichen Gebet einzeln in den Wald zurück. Er fungierte als bevorzugter Ort der Intimität mit Gott, der das franziskanische Selbstverständnis entscheidend geprägt hat. Dies ist bereits 1219 allgemein bekannt, wie folgendes, mit märchenhaften Zügen ausgestattetes „Gleichnis“ zeigt, das der englische Kleriker Odo von Cheriton niederschrieb: „Weil Bruder Franziskus, ohne einen Unterschied zu machen, jeden, der kam, in den Orden aufnahm, fragte man ihn, wer denn seine Brüder ernähren solle. Er antwortete mit folgendem Gleichnis: Ein König schwängerte im Wald ein Mädchen. Die junge Frau gebar einen Sohn. Nachdem sie ihn geraume Zeit großgezogen hatte, kam sie an den Hof des Königs, denn sie wollte, dass dieser von nun an seinen Sohn ernähre. Als man dies dem König meldete, sagte er: ‚So viele Bösewichte und Nichtsnutze essen mein Brot. Da ist es nur recht, dass auch mein Sohn so viel erhält, wie er zum Leben braucht.‘ Und Franziskus erklärte auch gleich diese Parabel, indem er sagte, er sei diese Frau, die der Herr mit seinem Wort geschwängert habe, weswegen er so viele geistliche Söhne zur Welt gebracht habe. Wenn also der Herr schon so viele Ungerechte ernähre, dürfe man sich nicht wundern, dass er mit den fremden auch seine eigenen Söhne am Leben erhalte“ (FQ 1554).

Sein erster Biograf, Thomas von Celano, widmet dem ‚Gebetsverhalten' des Heiligen in seiner zweiten Lebensbeschreibung ein eigenes Kapitel. Dessen zentrale Aussagen sollen im Folgenden für sich sprechen:

„Immer suchte er einen verborgenen Ort auf, wo er nicht nur mit seinem Geist, sondern auch mit allen seinen Gliedern auf Gott hingerichtet sein konnte. Wenn er plötzlich in der Öffentlichkeit ergriffen und vom Herrn heimgesucht wurde, machte er sich aus seinem Mantel eine kleine Zelle, um nicht ohne Zelle zu sein. Manchmal, wenn er keinen Mantel bei sich hatte, bedeckte er wenigstens mit dem Ärmel das Gesicht, um das verborgene Manna nicht preiszugeben. Immer wusste er etwas zwischen sich und die Umstehenden zu stellen, damit sie nicht seine Berührung mit dem Bräutigam merkten. So konnte er sogar im engen Raum eines Schiffes mitten unter vielen Leuten ungesehen beten. Wenn er schließlich gar nichts von dem tun konnte, machte er aus seinem Herzen einen Tempel. Seine Entrückung nahm Schluchzen und Seufzen, sein Aufgesogensein in Gott keuchendes Atemholen und äußeres Mienenspiel weg. [...] Wenn er aber in Wäldern und einsamen Orten betete, erfüllte er das Gehölz mit Seufzen, netzte den Boden mit Tränen, schlug sich mit der Hand die Brust. Wie wenn er dort eine noch verborgenere Geheimkammer gefunden hätte, sprach er oft in lautem Zwiegespräch mit seinem Herrn. Dort stand er Rede und Antwort seinem Richter, dort flehte er zum Vater, dort besprach er sich mit dem Freund, dort spielte er mit dem Bräutigam. Ja wirklich, um alle Fasern seines Herzens auf vielfache Weise zu einem Ganzopfer zu machen, stellte er sich den höchst Einfachen in vielfacher Gestalt vor Augen. Oft betete er, ohne die Lippen zu bewegen, in seinem Innern. Alles Äußere wusste er nach innen zu kehren, um dann seinen Geist davon ab- und nach oben zu lenken. All sein geistiges Schauen und sein ganzes Gemüt richtete er so einzig und allein auf das Eine, das er vom Herrn begehrte. Der ganze Mensch war nicht so sehr Beter als vielmehr selbst Gebet geworden. […] Wenn er von einem Geschäft beansprucht war oder sich auf der Reise befand und leise Berührungen der Gnade verspürte, kostete er mit Unterbrechungen, aber doch immer wieder, jenes süßeste Manna. Sogar unterwegs blieb er stehen und ließ die Gefährten vorausgehen, um die neue Eingebung des Geistes zu genießen. So empfing er die Gnade nicht vergeblich“ (FQ 352–353).

Exkurs: Mensch und Baum – eine geheimnisvolle Symbiose

Wer in den Wald geht, ist nicht nur vor neugierigen Blicken geschützt, sondern taucht auch in eine andere Welt ein – ein Empfinden, das selbst uns Heutige, die wir dem Geheimnis des Numinosen oft entfremdet sind, atmosphärisch, das heißt: unvermittelt beeindrucken kann. Die besonderen Lichtverhältnisse, die sauerstoffreiche und je nach Baumbestand mehr oder weniger ätherisch angereicherte Luft lassen uns aufatmen und wirken ebenso entspannend wie erfrischend.

Darüber hinaus will man zwischen Bäumen und Menschen seit alters her Gemeinsamkeiten entdecken. Dies macht bereits folgende rätselhafte Szene im Markusevangelium deutlich:

Jesus und seine Jünger „kamen nach Betsaida. Da brachte man einen Blinden zu Jesus und bat ihn, er möge ihn berühren. Er nahm den Blinden bei der Hand, führte ihn vor das Dorf hinaus, bestrich seine Augen mit Speichel, legte ihm die Hände auf und fragte ihn: Siehst du etwas? Der Mann blickte auf und sagte: Ich sehe Menschen; denn ich sehe etwas, das wie Bäume aussieht und umhergeht. Da legte er ihm nochmals die Hände auf die Augen; nun sah der Mann deutlich. Er war wiederhergestellt und konnte alles ganz genau sehen“ (Mk 8,22–26).

Woran auch immer der Blinde bei seinem Vergleich dachte: Schon die traditionelle Dreiteilung des Baumes in die Krone, die dem Himmel entgegenwächst und damit für die Zukunft steht, den Stamm, der über der Erde aufragt und die Gegenwart symbolisiert, sowie die Wurzeln, die mehrheitlich unsichtbar im Dunkel der Unter-Welt und damit der Vergangenheit gründen, legt eine sinnbildliche Deutung des menschlichen Lebens nahe. Zudem flößen uns Baumriesen aufgrund ihres Alters und ihrer Größe, aber auch wegen ihrer Zähigkeit und „Leidensfähigkeit“ gerade an ungünstigen Standorten Achtung, ja Ehrfurcht ein und können so Ermutigung sein, das eigene Schicksal, die eigenen Brüche im Leben anzunehmen.

Dabei rankten sich bereits in der Antike unzählige Mythen um einzelne Baumarten;[35] nicht nur, dass Bäume wie die Natur insgesamt als beseelt galten und man z.B. im griechischen Kulturraum Baumnymphen Opfer darbrachte, auch ihr Wachstum und ihre Vermehrung, das Miteinander der Bäume in Anziehung und Abstoßung wurde beobachtet und naturphilosophisch gedeutet. Zudem setzte man neben Tieren auch Bäume in Erzählungen mit pädagogischer Zielrichtung ein. Ein besonders eindrückliches biblisches Beispiel ist die herrschaftskritische Fabel Jotams im Buch der Richter (Ri 9,7–21). Darin werden die für den Menschen wertvollen Bäume gefragt, ob sie „König“ der Bäume werden wollen. Alle lehnen mit dem Hinweis auf ihre Nützlichkeit ab. Nur der

Dornbusch ist dazu bereit, denn für ihn wäre es eine Aufwertung!

Überhaupt ist es eine lohnende Beschäftigung, den Bäumen in der Bibel[36] nachzuspüren. Die prominenteste Rolle spielt darin wohl der „Baum der Erkenntnis von Gut und Böse“ (Gen 2,17), der mit dem Sündenfall des ersten Menschenpaares in Verbindung steht. Doch auch unbekanntere Stellen atmen Poesie und Lebensweisheit, wie folgendes Beispiel beim Propheten Ezechiel zeigt:

„So spricht GOTT, der Herr: Ich selbst nehme vom hohen Wipfel der Zeder und setze ihn ein. Einen zarten Zweig aus ihren obersten Ästen breche ich ab, ich selbst pflanze ihn auf einen hohen und aufragenden Berg. Auf dem hohen Berg Israels pflanze ich ihn. Dort treibt er dann Zweige, er trägt Früchte und wird zur prächtigen Zeder. Alle Vögel wohnen darin; alles, was Flügel hat, wohnt im Schatten ihrer Zweige. Dann werden alle Bäume des Feldes erkennen, dass ich der HERR bin. Ich mache den hohen Baum niedrig, den niedrigen Baum mache ich hoch. Ich lasse den grünenden Baum verdorren, den verdorrten Baum lasse ich erblühen. Ich, der HERR, habe gesprochen und führe es aus“ (Ez 17,22–24).

Das Gebet – Kontaktaufnahme und Empfangsbereitschaft

Zwar ist nicht davon auszugehen, dass die Minderen Schwestern und Brüder mit der Bibel so vertraut waren, wie wir es heute sein können, doch beweisen sowohl Klara wie Franziskus in ihren Schriften eine erstaunlich intime Kenntnis vor allem des Neuen Testamentes und der Psalmen,[37] hatten sie doch das „Evangelium", von dem sie immer in der Einzahl wie von Christus selbst sprachen, zu ihrem Leben[38] gemacht. Es ist davon auszugehen, dass die Schwesterngemeinschaft in San Damiano dauerhaft über ein Evangeliar, also der Zusammenstellung der einschlägigen Lesungstexte, wie sie an Sonn- und Feiertagen vorgetragen wurden, sowie ein Psalmenbuch bzw. Stundenbuch für die Tagzeiten verfügte, zumal ihre Mitglieder wohl mehrheitlich des Lesens und Schreibens kundig waren. Wie wir bereits gesehen haben, führte aber auch Franziskus bei seinen Predigtwanderungen und an den Rückzugsorten ein Evangeliar mit, aus dem er sich vorlesen ließ, falls es ihm nicht möglich war, die Hl. Messe in einer Kirche mitzufeiern.

Folgt man den Quellen, bestand wohl das persönliche Gebet der ersten franziskanischen Generation vor allem im „Wiederkäuen" und Verinnerlichen der Worte Jesu bzw. einzelner Bibelverse, die so buchstäblich „in Fleisch und Blut übergingen“. Nachdem Papst Innozenz III. 1209 dem Poverello und seinen Gefährten die Erlaubnis zur „alltagspraktischen“[39] Laienpredigt gegeben hatte, speiste sich die Verkündigung der Armen von Assisi wohl hauptsächlich aus Evangeliumsszenen bzw. der Wiederholung und Vergegenwärtigung von Worten Jesu, die auf die aktuelle (Konflikt-) Situation passten. Die ersten Lebensbeschreibungen berichten immer wieder davon, dass Franziskus sich nicht scheute, nach der Messe beim Priester Auskünfte darüber einzuholen, wie das Evangelium zu verstehen sei.

Aussagen Jesu, die für sein/ihr persönliches Leben entscheidend gewesen waren, wird jeder Minderbruder, jede Schwester wie eine Art Extrakt bzw. ein vom eigenen Leben durchtränktes Miniatur-Evangelium abrufbereit in Kopf und Herz getragen haben – und dies wohl in der lateinischen Fassung, denn volkssprachliche Übersetzungen wurden allenfalls ad hoc von Priestern in der Predigt gegeben, besaßen aber selbstverständlich nicht die kirchliche Approbation. So kann man vermuten, dass gerade Menschen, die ihr Leben nach dem Evangelium ausrichteten, ganze Passagen der Vulgata[40] auswendig – oder vielmehr inwendig – gegenwärtig hatten.[41]

Ein weiterer wesentlicher Faktor für das innere Leben waren Einsichten und Erfahrungen, welche die Schwestern und Brüder im Gebet machten, in der teils mystisch geprägten Versenkung in die göttliche Liebe. Es liegt auf der Hand, dass sich die innige Zwiesprache zwischen Schöpfer und Geschöpf nicht nur jeglicher Beschreibung entzieht, sondern auch den Schutzraum der Diskretion braucht. Letztere bedurfte für die Armen Frauen in San Damiano, die noch zu Klaras Lebzeiten zu fünfzigst dicht gedrängt des Nachts im Dormitorium lagen,[42] einer klaren Absprache, absoluter Verschwiegenheit und Selbstdisziplin. Denn es wird berichtet, dass nicht nur Klara selbst Auditionen und Visionen[43] teilhaftig wurde, sondern auch andere Schwestern. Bezüglich der Gebetshaltung Klaras heißt es, „sie habe lange Zeit auf der Erde gelegen und demütig niedergeworfen verharrt" (KQ 123). Allerdings ist auch davon auszugehen, dass sie in ihren wiederkehrenden, häufig sehr schweren Krankheitsphasen lang und ausdauernd auf ihrem Lager betete.

Demgegenüber ermöglichte das Beten unter Bäumen, das Franziskus und seine Brüder pflegten, dass jeder ganz frei zu seinem Schöpfer sprechen konnte, ohne beobachtet zu werden. Denn lautes Sprechen oder Singen war weder für Franziskus selbst, wie wir in der Szene mit den Räubern gesehen haben, noch für die von seiner Spiritualität geprägten Brüder etwas Ungewöhnliches. Der Wald bot in der Regel genügend Raum, um sich ungestört zurückzuziehen. Gleichzeitig war es ratsam, einander den jeweiligen Aufenthaltsort durch Vorlieben oder Zeichen mitzuteilen. Vor allem des Nachts verbot es sich schon aufgrund der Unfallgefahr, sich allzu weit von den Mitbrüdern zu entfernen. Daher kam es nicht selten vor, dass trotz aller Vorsicht mancher Bruder unfreiwillig Zeuge der Zwiesprache des Heiligen mit seinem Gott wurde, oder auch, wie ein besonders anrührendes Beispiel in den Fioretti illustriert, in frommer Neugier darauf aus war, ihn heimlich zu belauschen:

„Als der heilige Franziskus noch am Leben war, wurde ein kleiner Junge von großer Reinheit und Unschuld in den Orden aufgenommen. Er weilte in einer kleinen Niederlassung, wo die Brüder durch Not gezwungen auf der bloßen Erde schliefen. Einmal nun kam der heilige Franziskus zu dieser Niederlassung. Am Abend ging er gleich nach dem Beten der Komplet schlafen, um sich nachts, wenn die anderen Brüder schliefen, zum Gebet erheben zu können, wie er es zu tun gewohnt war. Der kleine Junge nahm sich nun fest in seinem Herzen vor, den Wegen des heiligen Franziskus eifrig nachzuspüren, um dessen Heiligkeit kennen zu lernen und besonders, um zu erfahren, was er nachts tue, wenn er sich erhob. Damit ihn nicht der Schlaf überwältige, legte sich der kleine Junge zum Schlafen an die Seite des heiligen Franziskus und band seinen Strick an jenen des Heiligen, um so zu spüren, wenn dieser sich erhob. Davon merkte aber der heilige Franziskus nichts. In der Nacht aber, als alle Brüder in den ersten tiefen Schlaf versunken waren, stand der heilige Franziskus auf und entdeckte, dass sein Strick auf solche Weise angebunden war. Er löste ihn so sachte, dass der kleine Junge es nicht gewahrte, und ging alleine fort in den Wald, der nahe der Niederlassung stand. Dort betrat er eine kleine Zelle und begab sich ins Gebet. Nach einiger Zeit erwachte der kleine Junge und entdeckte, dass der Strick losgebunden und der heilige Franziskus bereits aufgestanden war. Da erhob auch er sich und machte sich auf den Weg, ihn zu suchen. Er fand den Ausgang, der zum Wald führte, offenstehen, dachte sich, der heilige Franziskus sei wohl dorthin gegangen, und ging in den Wald hinein. Als er in die Nähe jenes Ortes gelangte, wo der heilige Franziskus betete, hörte er ein angeregtes Gespräch. Da ging er noch näher hin, um zu sehen und zu verstehen, was er hörte, und sah ein wunderbares Licht, das den heiligen Franziskus umgab. In diesem Licht erblickte er Christus und die Jungfrau Maria, Johannes den Täufer und den Evangelisten sowie eine gewaltige Menge von Engeln, die mit dem heiligen Franziskus sprachen. Als der kleine Junge dieses sah und hörte, fiel er wie ohnmächtig zu Boden. Als diese geheimnisvolle und heilige Erscheinung endete und der heilige Franziskus zur Niederlassung zurückkehrte, stieß er mit dem Fuß an den kleinen Jungen, der wie tot am Wege lag. Voll Mitleid hob er ihn in seine Arme und trug ihn zu Bett, wie es der gute Hirte mit seinem kleinen Schäfchen tut. Weil der heilige Franziskus von ihm erfuhr, wie er diese Vision mitangesehen hatte, befahl er ihm, es nie auch nur einem Menschen zu sagen, solange er lebe. In dem kleinen Jungen aber wuchs dann die Gnade Gottes und die Verehrung des heiligen Franziskus, und es wurde aus ihm ein tüchtiger Mann im Orden. Und erst nach dem Tode des heiligen Franziskus offenbarte er den Brüdern diese Vision“ (FQ 1374–1375).

Die hier erwähnte „Zelle“ darf man sich wiederum nicht als ummauertes Häuschen vorstellen. Es ist eher vergleichbar mit einem Tipi aus Stöcken, wie es Jugendliche im Wald dort bauen, wo ein überhängender Ast oder Strauch notdürftigen Schutz vor Regen, Schnee und Wind bieten kann. Ganz sicher ließ ein solcher Unterschlupf jedoch den Blick zum nächtlichen Sternenhimmel frei.

Vermutlich hätte Franziskus gelächelt über den seit einigen Jahren bei uns üblich gewordenen Brauch, der Seele Gutes zu tun und einen Baum zu umarmen. Doch würde er, der gegenüber den Elementen, Pflanzen, Tieren und vor allem Kindern, wie eben geschildert, so liebevoll war, es wohl auch nicht missbilligen. Ganz sicher aber wiese er eindringlich darauf hin, noch mehr den zu umarmen, der am Baum des Kreuzes für uns gelitten hat und gestorben ist, Jesus Christus. „Arm den armen Christus umarmen“ ist denn auch eine Formulierung, mit der die hl. Klara in ihrem zweiten Brief an Agnes von Prag, die böhmische Königstochter, die sich allen Beratern zum Trotz der Lebensform der Armen Frauen von San Damiano anschloss und in ihrer Heimatstadt ein Kloster gründete, zu stärken sucht: „Umfange als arme Jungfrau den armen Christus! Schau auf ihn, der um Deinetwillen verachtet worden ist, und folge Du ihm als eine, die in dieser Welt verachtet wird um seinetwillen! Deinen Bräutigam, schöner als alle Menschenkinder, der um Deines Heiles willen der Geringste der Menschen wurde, verachtet, zerschlagen, am ganzen Körper vielmals gegeißelt, in Todesnot am Kreuz verscheidend: ihn, edle Königin, blicke an, betrachte ihn, schau auf ihn, in Sehnsucht, ihm ähnlich zu werden!“ (KQ 28).

Da in den Franziskus-Quellen die Wendungen „Franziskus ging in den Wald, um zu beten“ oder „er kam vom Gebet aus dem Wald“ immer wiederkehren, stellt sich die Frage, ob auch einzelne Bäume auf freiem Feld solche Gebetsorte werden konnten. Denn grundsätzlich ist schon der Baum selbst in seiner Vertikalität eine stumme Aufforderung, sich nach oben auszurichten und dabei, wie er seine Äste, selbst die Arme auszustrecken, um die seit dem frühen Christentum verbreitete Orantehaltung zum Gebet einzunehmen. Eine beiläufige Bemerkung des Comboni-Missionars Pater Gregor Schmidt, der als Seelsorger in der Savanne Süd-Sudans ein Gebiet betreut, das „achtmal so groß ist wie Berlin", in einem Interview (2021) erscheint dabei als hilfreicher Hinweis: „Wir sind nur zwei Priester, um 80 Kapellen in unserem Pfarreigebiet abzudecken [...] wir machen alles zu Fuß. Straßen gibt es keine. ‚Kapellen' heißt nicht unbedingt, dass es dort immer ein Kirchengebäude gibt, sondern dass sich Katholiken sonntags zum Gebet treffen, meistens unter einem Baum. Das sind die lebendigen Zellen, kleine christliche Gemeinschaften, die den Glauben attraktiv machen, auch für die Umgebung und die Nichtchristen."[44] Wie in den franziskanischen Texten tauchen hier vertraute Begriffe auf: Kapelle, Baum, Zelle, und sind doch in einem anderen Kulturkreis und einer anderen Zeit situiert!

Der Wechsel von Öffentlichkeit und Gemeinschaft, von Wanderpredigt und Ausprägung eines spirituellen Profils nach innen – immer vor dem Hintergrund des liturgischen Jahres – führte, so darf man annehmen, im Leben von Franziskus und seinen Brüdern zu einer Rhythmisierung, die ihrem äußeren Leben Struktur und Halt bot. Ähnlich brachte auch der einzelne Tag einen Wechsel zwischen dem Miteinander und der Stille, Gespräch bei der Arbeit und Meditation. Dass letztere mit dem Gebet verwandt, aber nicht mit diesem gleichzusetzen ist, zeigt folgende Empfehlung in der zweiten Lebensbeschreibung des Thomas von Celano: „Über die Regel sollten sie (= die Brüder) mit dem inneren Menschen sprechen, das heißt sie meditieren, um daraus ermunternden Zuspruch zu erfahren zur Überwindung des Widerwillens und zur Erinnerung an die geleisteten Versprechen [in der Profess]" (FQ 412).

Weder beim Sprechen „mit dem inneren Menschen" noch bei der Hinwendung zu Gott war es also üblich, sich den Blicken anderer auszusetzen. Vermutlich stand hier das scharfe Urteil Jesu im Hintergrund, mit dem er eine zu seiner Zeit übliche Praxis kritisiert: „Wenn ihr betet, macht es nicht wie die Heuchler! Sie stellen sich beim Gebet gern in die Synagogen und an die Straßenecken, damit sie von den Leuten gesehen werden. Amen, ich sage euch: Sie haben ihren Lohn bereits erhalten. Du aber, wenn du betest, geh in deine Kammer, schließ die Tür zu; dann bete zu deinem Vater, der im Verborgenen ist! Dein Vater, der auch das Verborgene sieht, wird es dir vergelten" (Mt 6,5f).

Ein Ereignis, das unmittelbar mit dem Gebet des Heiligen zusammenhängt und bis heute zutiefst ein Mysterium geblieben ist, möge zur Bestätigung dienen: Zwei Jahre vor seinem Tod empfängt Franziskus nahe der Einsiedelei La Verna die Wundmale des Gekreuzigten. In jenem August 1224 hatte sich der Orden schon enorm ausgebreitet, die Brüder lehrten an den Universitäten Europas, bewohnten häufig feste Häuser und entfalteten in den Städten, ab 1221 in Augsburg und von dort aus in zahlreichen Zentren herrschaftlicher Macht diesseits der Alpen, eine rege Seelsorgetätigkeit. Die armseligen Anfänge der Bewegung, die Ablehnung und Verspottung der Bettelbrüder in Assisi und allen Kleinstädten ringsum gehörten, zumindest in Europa, weitgehend der Vergangenheit an. Franziskus, der auf Drängen des Papstes und seiner Brüder mit der endlich bullierten Regel (Nov. 1223) einen Text gutheißen musste, der sich in vielem von seiner am Evangelium orientierten Vorstellung unterschied, litt unter dem Gedanken, er sei seiner Berufung, seinem Auftrag untreu geworden. Besonders eindrücklich ist dieser seelische Konflikt, der auch an die Erfahrung von „Gottferne“[45] gekoppelt gewesen sein könnte, im ersten Franziskus-Film der italienischen Regisseurin Liliana Cavani von 1989 dargestellt. Sie zeigt den schwerkranken, fast erblindeten Poverello, wie er in einer Felsspalte kauert und seiner Qual Luft macht, mit dem sich wiederholenden, herzzerreißenden Schrei: „Sprich zu mir!“ Die paradiesische Natur, die dieses wimmernde Bündel Mensch umgibt, wirkt auf die Zuschauer:innen dabei wie eine gefühllose Kulisse.

In solch eine kontrastive Szenerie hinein wird nun das Ereignis der Stigmatisation (vgl. FQ 427) situiert, das einen unvorhersehbaren Einbruch der Transzendenz in die irdische Wirklichkeit markiert. Die Tatsache, dass Cavani den mystischen Vorgang, für den es tatsächlich keinen historischen Zeugen gibt, ausschließlich mit Licht und Ton inszeniert, gibt dem Geheimnis Raum, trotz der beinahe exhibitionistischen Grundtendenz, die dem Film aufgrund seiner Kameraeinstellungen eigen ist. Aus den Kreuzeswunden blutend, die er notdürftig mit Stofffetzen verbunden hat, teilt Franziskus das ihn Überwältigende seinem treuen Gefährten Bruder Leo mit – mit dem einzigen lateinischen Satz, den das Drehbuch für ihn vorsieht: „Deus mihi dixit – Gott hat zu mir gesprochen". Eine beeindruckende, m.E. gelungene Darstellung des nicht Darstellbaren ...

Wo das auf den visuellen Eindruck abzielende moderne Medium sich wohltuend zurückhält, wird eine franziskanische Quelle, in welcher der Wald und eine Buche für die Begegnung mit Christus bedeutsam werden, sehr konkret und anschaulich. Die Szene findet sich in den bereits mehrfach erwähnten Fioretti und schildert eine mystische Erfahrung von Bruder Johannes aus Fermo, der nach den historischen Zeugnissen am 9. August 1322 verstorben ist:

„[...] Da überlegte er auf Eingebung Gottes hin, die Welt mit ihren Liebhabern zu verlassen und im Habit des gekreuzigten heiligen Franziskus sich selbst ganz in die Arme des Gekreuzigten zu werfen. Und so tat er auch. Als er nun so jung in den Orden aufgenommen wurde, vertraute man ihn der Obhut des Novizenmeisters an und er wurde dabei so geistlich und fromm, dass manchmal sein Herz wie Wachs am Feuer zerschmolz, wenn er den Novizenmeister von Gott sprechen hörte. Dann entzündete ihn eine so große Wonne der Gnade zu göttlicher Liebe, dass er, unfähig, still zu bleiben und solche Wonne zu ertragen, sich erhob und wie trunken im Geiste bald durch den Garten, bald durch den Wald, bald durch die Kirche lief, je nachdem, wohin Flamme und Antrieb des Geistes ihn trugen. [...] Einige Male wurde er auch zu innigen und liebreichen Umarmungen Christi geführt, nicht bloß durch ein geistliches Verkosten im Inneren, sondern sogar durch sinnenhafte äußere Zeichen und körperliches Empfinden. Einmal wurde sein Herz auf eine besonders intensive Weise durch das Feuer der göttlichen Liebe entzündet, sodass er gut drei Jahre in diesem Feuer verweilte. Während dieser Zeit empfing er wunderbare göttliche Tröstungen und Heimsuchungen und war des Öfteren zu Gott entrückt. Für kurze Zeit schien er damals auch durch die Liebe Christi wie vollkommen in lodernden Flammen zu stehen. Und dies geschah auf dem heiligen Berg La Verna.

Gott aber hegt besondere Sorge für seine Söhne, indem er ihnen zu verschiedenen Zeiten einmal Tröstung, ein andermal Bedrängnis, einmal Wohlergehen, dann wieder Unglück zukommen lässt, je nachdem es ihm notwendig scheint, sie in der Demut zu bewahren oder in ihnen die Sehnsucht nach den himmlischen Gütern zu entflammen. So gefiel es also der göttlichen Güte, dem besagten Bruder Johannes nach drei Jahren diesen Strahl und jenes Feuer der göttlichen Liebe zu entziehen und ihn jeglicher geistlichen Tröstung zu berauben. Bruder Johannes aber blieb ohne Licht und ohne Liebe Gottes zurück, vollkommen trostlos, gepeinigt und schmerzerfüllt. Voller Ängste zog er sich in den Wald zurück, lief hierhin und dorthin und rief mit Worten, Tränen und Seufzern nach dem geliebten Bräutigam seiner Seele, der ihn verlassen und sich vor ihm verborgen hatte und ohne dessen Gegenwart seine Seele weder Ruhe noch Frieden fand. Aber nirgendwo und auf keine Weise konnte er den süßen Jesus wiederfinden, noch vermochte er jene köstlichen geistlichen Erfahrungen der Liebe Christi, wie er sie gewohnt war, wiederzuerlangen. Diese Bedrängnis dauerte viele Tage, während derer er unaufhörlich weinte, seufzte und zu Gott flehte, er möge ihm in seiner Güte den geliebten Bräutigam seiner Seele wiedergeben. Endlich, als es Gott schien, genügend seine Geduld geprüft und seine Sehnsucht entfacht zu haben, ging Bruder Johannes eines Tages gepeinigt und bedrängt durch den Wald und setzte sich vor Erschöpfung nieder, während er an eine Buche gelehnt mit tränenüberströmten Antlitz zum Himmel blickte. Da erschien plötzlich Jesus Christus ganz in seiner Nähe auf dem Pfad, auf dem Bruder Johannes gekommen war, sagte aber kein Wort. Als ihn Bruder Johannes sah und sehr wohl erkannte, dass es Christus war, warf er sich ihm sogleich zu Füßen. Mit großer Demut und unter unzähligen Tränen bat er ihn: ‚Eile mir zu Hilfe, mein Herr, denn ohne dich, meinen süßen Erlöser, befinde ich mich in Dunkel und Tränen. Ohne dich, sanftmütiges Lamm, bin ich in Angst und Furcht. Ohne dich, Sohn Gottes, des Allerhöchsten, befinde ich mich in Verwirrung und Schande. Ohne dich bin ich jeglichen Gutes beraubt und geblendet, weil du, Jesus, das wahre Licht der Seelen bist. Ohne dich bin ich verloren und verdammt, weil du das Leben der Seelen und das Leben aller Leben bist. Ohne dich bin ich unfruchtbar und dürr, weil du die Quelle jeder Gabe und jeder Gnade bist. Ohne dich bin ich vollkommen trostlos, denn du, Jesus, bist unsere Erlösung, Liebe und Sehnsucht, das stärkende Brot und der Wein, der die Herzen der Engel und Heiligen erfreut. Erleuchte mich, gnädigster Meister und gütigster Hirte, denn ich bin ja dein Schäflein, wenn ich auch unwürdig bin.'

Weil aber die Sehnsucht der heiligen Menschen sich zu noch größerer Liebe und Verdienst entzündet, wenn Gott sie zu stillen säumt, ging Christus, der Gebenedeite, weg, ohne ihn zu erhören oder ein einziges Wort mit ihm zu sprechen, und entfernte sich auf jenem Pfad. Da erhob sich Bruder Johannes, lief hinter ihm her, warf sich ihm neuerlich zu Füßen, hielt ihn mit heiligem Ungestüm zurück und bat ihn mit frommen Tränen: ‚O süßester Jesus, hab Erbarmen mit mir, der ich so bedrängt bin. Erhöre mich um der Fülle deiner Barmherzigkeit und der Wahrheit deines Heiles willen und schenke mir wieder die Freude deines Angesichts und deines gütigen Blickes, denn von deiner Barmherzigkeit ist die ganze Erde voll.' Wieder ging Christus weiter, ohne ein Wort mit ihm zu sprechen oder irgendeinen Trost zu schenken. Er machte es wie eine Mutter mit ihrem kleinen Kind, wenn sie es nach der Puppe schreien und weinend hinter sich herlaufen lässt, damit es diese dann um so lieber wieder ergreift.

So folgte auch Bruder Johannes mit noch größerer Glut und Sehnsucht Christus nach. Als er ihn erreicht hatte, da wandte sich Christus, der Gebenedeite, zu ihm um und schaute ihn mit frohem und liebevollen Blick an. Er breitete seine heiligsten und erbarmungsvollen Arme aus und umarmte ihn auf liebevollste Weise. Bei diesem Ausbreiten der Arme aber sah Bruder Johannes aus der heiligen Brust des Erlösers Strahlen wunderbaren Lichtes ausgehen, die den ganzen Wald, aber auch ihn selbst in Seele und Leib erleuchteten.

Da kniete sich Bruder Johannes zu Füßen Christi nieder, und Jesus, der Gebenedeite, bot ihm wie einst der Magdalena in seinem Wohlwollen den Fuß zum Küssen dar. Bruder Johannes nahm ihn mit allergrößter Ehrfurcht entgegen, benetzte ihn mit so vielen Tränen, dass er wahrhaftig eine zweite Magdalena zu sein schien, und sprach voller Andacht: ‚Ich bitte dich, mein Herr, schau nicht auf meine Sünden, sondern erwecke um der heiligsten Passion und des Vergießens deines kostbaren Blutes willen meine Seele wieder in der Gnade deiner Liebe zum Leben. Es ist dies ja dein Gebot, dass wir dich aus ganzem Herzen und ganzem Gemüte lieben. Aber niemand vermag dieses Gebot zu erfüllen ohne deine Hilfe. Hilf mir also, über alles zu liebender Sohn Gottes, damit ich dich mit meinem ganzen Herzen und allen meinen Kräften liebe.‘ Während Bruder Johannes so redend zu Jesu Füßen lag, wurde er von ihm erhört und erhielt jene erste Gnade zurück, nämlich das Feuer der göttlichen Liebe, und fühlte sich vollkommen erneuert und getröstet.

Als er erkannte, dass das Geschenk der göttlichen Gnade in ihn zurückgekehrt war, fing er an, Christus, dem Gebenedeiten, zu danken und andächtig seine Füße zu küssen. Dann richtete er sich auf, um in das Antlitz des Heilands zu schauen. Christus aber streckte ihm seine heiligsten Hände zum Küssen entgegen. Als Bruder Johannes sie geküsst hatte, ging er auf Jesus zu, warf sich ihm an die Brust, umarmte ihn und küsste seine heiligste Brust. Gleicherweise umarmte und küsste auch Christus ihn. [...] Von da an kamen aus seinem Mund, der an der heiligen Brust des Erlösers von der Quelle der göttlichen Weisheit getrunken hatte, wundersame und himmlische Worte hervor, welche die Herzen derer verwandelten, die sie hörten, und den Seelen reiche Frucht brachten. Wann immer aber Bruder Johannes zu dem Waldpfad kam, auf dem die gesegneten Füße Christi gestanden hatten, empfand er dort und weit im Umkreis davon noch lange Zeit danach immer [...] Duft und sah [...] Glanz" (FQ 1429–1432).

Dieses vor 700 Jahren verschriftlichte Beispiel franziskanischer Christusmystik mag als Beleg dafür dienen, dass zeitliche Distanz oft auch mit einem stark veränderten Verständnis von Spiritualität bzw. Glaubens- und Gotteserfahrung einhergeht. Zwar wird heute unser mehrheitlich kognitiver Zugang zum Glauben („Glaubenswissen") seit einigen Jahrzehnten durch Lobpreisfeiern sowie Bibliodrama und Bibliolog, also einem aktiven sich Hineinversetzen in die jeweilige biblische Szenerie, in Richtung Erfahrungsglauben ergänzt, doch sind solche Ausdrucksformen im Religionsunterricht und in der außerschulischen Katechese immer noch wenig verbreitet.

So trifft die leib- und sinnesfreundliche franziskanische Mystik heute möglicherweise auf tiefsitzende Ängste bzw. eine im Wesentlichen von Augustinus von Hippo (354–430) grundgelegte Leibfeindlichkeit, wie sie in der Kirchengeschichte immer wieder durchschlägt. Nach der Mitte des 20. Jahrhunderts, wohl ausgelöst durch die sog. Sexuelle Revolution, betonten lehramtliche Äußerungen vor allem das, was nicht erlaubt ist, und verfestigten damit den Eindruck einer kirchlichen Verbotsmoral. Erst in jüngster Zeit mehren sich die Stimmen, die sich, nicht zuletzt vor dem Hintergrund der Aufdeckung von Verbrechen sexualisierter Gewalt, für eine Überwindung rigider Positionen einsetzen und die Anschlussfähigkeit u.a. an die Humanwissenschaften suchen.

Unser Quellentext ist daher vom spiritualitätsgeschichtlichen Standpunkt aus betrachtet äußerst wertvoll: Als zutiefst franziskanisch, das heißt biblisch inspiriert, dürfen die körperliche Nähe und die Art des gegenseitigen Austausches von Liebesbezeugungen zwischen Christus und Johannes gelten. Schon im Namen des Bruders wird an den Lieblingsjünger erinnert, der beim Abendmahl an der Brust des Herrn ruhte (Joh 13,25). Neben diesem Vor-Bild belegt vor allem die ausdrückliche Bezugnahme auf Maria Magdalena, die traditionell mit der Sünderin, die Jesus im Haus des Simon die Füße wusch (Lk 7,36–50), gleichgesetzt wird, den Freimut franziskanischer Geisteshaltung, die sich, zumindest in der Frühzeit, nicht auf gesellschaftlich sanktionierte Geschlechterrollen festlegen ließ. Christus gegenüber, der sich im Evangelium selbst als Bräutigam bezeichnet (Mk 2,19–20), sieht sich die liebende menschliche Seele immer als Braut, ganz gleich, welchem Geschlecht sie sich zugehörig fühlt. Gerade heute, wo die Vorgegebenheit der Binarität mit guten Gründen angezweifelt wird, erscheint es wichtig, an diese grundsätzliche Gemeinsamkeit aller mystischen Erfahrungen, die Menschen mit einem personalen Gott machen, zu erinnern. Schon die Kirchenväter betonten die Relevanz des alttestamentlichen Hohenliedes für das christliche Selbstverständnis und boten eine allegorische Auslegung auf Christus und die Kirche an, die besonders unter Ordenschrist:innen wachgehalten wurde.

Zudem lässt sich die Erfahrung des mystisch begnadeten Franziskaners als Beispiel dafür lesen, was Gottsuchende aller Jahrhunderte erlebten. In den reflektierenden Passagen der Erzählung liegen daher auch die Wurzeln späterer Spielarten christlicher Ordensspiritualität wie der ignatianischen und der teresianischen. Sowohl der Gründer des Jesuitenordens, Ignatius von Loyola (1491–1556), als auch die Reformerin des Karmels, Teresa von Avila (1515–1582), setzten sich intensiv mit dem franziskanischen Erbe auseinander und sind so nicht nur in ihre eigene Gottesbeziehung hineingewachsen, sondern haben auch ihre jeweiligen Gemeinschaften entsprechend geprägt.

Abschließend sei daran erinnert, dass die darstellende Kunst im 13. Jahrhundert Franziskus häufig zu Füßen des Gekreuzigten stehend oder – wie in der Einsiedelei von Monte Casale bei Sansepolcro – mit dem Munde aus der Seitenwunde Christi trinkend darstellt. Die Christusbegegnung des Johannes von La Verna wurde demnach von den Zeitgenossen wohl weder als übertrieben empfunden noch bildete sie eine Ausnahme.

Ein Spiegelbild der Gottesliebe – der brennende Wald von Portiuncula

Die minderen Brüder suchten den Wald nicht nur alleine auf, sondern führten auch geistliche Gespräche zu zweit bzw. in der Gruppe gerne unter Bäumen.[46] Besonders eindrücklich schildert diese Gewohnheit eine Erzählung, die – wohl lange nach dem Tod beider Heiligen – Franziskus und Klara in seltener Mahlgemeinschaft zusammenführt. Dabei wird der Wald gleichsam selbst zum Prediger:

„Wenn der heilige Franziskus in Assisi weilte, besuchte er oft die heilige Klara und gab ihr heilige Anweisungen. Es war aber ihr sehnlichster Wunsch, einmal mit ihm zusammen zu essen. Oftmals bat sie ihn darum, er aber wollte ihr niemals diesen Trost gewähren. Als seine Gefährten nun diesen Wunsch der heiligen Klara bemerkten, sagten sie zum heiligen Franziskus: ‚Vater, es scheint uns, dass diese Strenge nicht der göttlichen Liebe entspricht, indem du Schwester Klara, eine so heilige und von Gott geliebte Jungfrau, in einer so kleinen Sache, nämlich mit dir zu speisen, nicht erhörst. Besonders wenn man bedenkt, dass sie ja auf deine Predigt hin Reichtum und Pracht dieser Welt verließ. Und wahrhaftig, wenn sie dich auch um eine größere Gnade bäte als diese, dann solltest du diese deiner geistlichen Pflanze gewähren.‘

Darauf antwortete der heilige Franziskus: ‚Scheint es euch, dass ich sie erhören sollte?' Die Gefährten erwiderten: ‚Ja, Vater, es ist durchaus angemessen, dass du ihr diesen Trost bereitest.' Darauf antwortete der heilige Franziskus: ‚Nun, da es euch recht scheint, scheint es auch mir so. Damit sie aber noch mehr getröstet werde, will ich, dass man dieses Mahl in Santa Maria degli Angeli bereite. Denn sie ist nun schon so lange Zeit in San Damiano eingeschlossen, dass sie sich freuen wird, wieder ein wenig die Niederlassung von Santa Maria zu sehen, wo sie ihre Tonsur erhalten hatte und Braut Jesu Christi geworden war. Dort wollen wir zusammen im Namen Gottes Mahl halten.'

Als schließlich der dafür bestimmte Tag gekommen war, verließ die heilige Klara mit einer Gefährtin das Kloster und kam, begleitet von den Gefährten des heiligen Franziskus, nach Santa Maria degli Angeli. Voller Hingebung grüßte sie die Jungfrau Maria vor ihrem Altar, wo sie Tonsur und Schleier empfangen hatte, dann zeigte man ihr die Niederlassung, bis es Zeit war, um das Mahl einzunehmen. Inzwischen ließ der heilige Franziskus den Tisch auf der bloßen Erde decken, wie er es zu tun pflegte. Als die Essenszeit gekommen war, setzten sich der heilige Franziskus und die heilige Klara nieder, ebenso einer der Gefährten des heiligen Franziskus mit einer Gefährtin der heiligen Klara. Darauf setzten sich auch die übrigen Gefährten demütig zu Tisch. Während des ersten Ganges fing der heilige Franziskus an, so lieblich, erhaben und wunderbar von Gott zu reden, dass die Fülle der göttlichen Gnade auf sie herabkam und alle zu Gott entrückt wurden.

Als sie so entrückt mit zum Himmel erhobenen Augen und Händen dasaßen, sahen die Leute aus Assisi, Bettona und der Gegend ringsum, wie Santa Maria degli Angeli, die ganze Niederlassung und der Wald, der damals an die Niederlassung angrenzte, in hellen Flammen standen. Es schien, als ob da ein großes Feuer sei, das Kirche, Niederlassung und Wald in einem erfasst hatte. Die Leute von Assisi liefen deshalb in großer Eile hinunter, um das Feuer zu löschen, weil sie wirklich glaubten, alles stünde in Flammen. Als sie aber in der Niederlassung ankamen und nichts brennen sahen, gingen sie hinein und fanden den heiligen Franziskus mit der heiligen Klara und ihrer ganzen Gesellschaft in Beschauung zu Gott entrückt um jenen schlichten Tisch sitzen. Daraus erkannten sie mit Gewissheit, dass dieses ein göttliches und nicht ein materielles Feuer gewesen war, welches Gott auf wunderbare Weise hatte erscheinen lassen als sichtbaren Beweis des Feuers der göttlichen Liebe, von dem die Seelen jener heiligen Brüder und heiligen Nonnen entbrannt waren. So gingen sie denn wieder fort und waren in ihren Herzen überaus getröstet und erbaut.

Als dann nach geraumer Zeit der heilige Franziskus und die heilige Klara zusammen mit den anderen wieder zu sich kamen, fühlten sie sich durch die geistliche Speise wohl gestärkt und kümmerten sich nur mehr wenig um die leibliche Nahrung. Nach Beendigung dieses gesegneten Mahles kehrte die heilige Klara wohl begleitet nach San Damiano zurück. Als die Schwestern sie wiedersahen, freuten sie sich sehr; denn sie hatten schon befürchtet, der heilige Franziskus habe sie vielleicht ausgesandt, um irgendein anderes Kloster zu leiten, wie er ja schon Schwester Agnes, ihre heilige leibliche Schwester, in das Kloster von Monticelli bei Florenz geschickt hatte, um diesem als Äbtissin vorzustehen. Der heilige Franziskus hatte nämlich bereits einige Male der heiligen Klara gesagt: ‚Halte dich bereit, auf dass ich dich, wenn es nötig wird, auch an einen anderen Ort schicke.' Als Tochter des heiligen Gehorsams hatte sie geantwortet: ‚Vater, ich bin immer bereit, überall hinzugehen, wohin Ihr mich senden werdet.' Deshalb freuten sich die Schwestern umso mehr, sie wiederzuhaben. Die heilige Klara aber war von da an sehr getröstet [...]" (FQ 1370–1371).

Die ehrfurchtsvolle Anrede „Vater" für Franziskus und der Hinweis, Klara sei in San Damiano „eingeschlossen", dürfen u.a. als Indizien dafür gelten, dass dieser Text jüngeren Datums ist und bereits der etablierten Verehrungsgeschichte angehört. Dennoch ist die Haltung des Poverello, der sich erst auf das inständige Bitten der Brüder hin bereiterklärt, sich mit Klara zu treffen, authentisch wiedergegeben. Wie ernst Franziskus nämlich darauf bedacht war, keine Ausnahme zu machen, weder für sich selbst noch für Klara, zeigt die klare, ja scharfe Umschreibung des Rahmens, in dem der Kontakt der Brüder zu Frauen statthaft ist. Dies gilt gleichermaßen für die nichtbullierte wie die bullierte Regel. Zudem überliefert Celano aus den letzten Lebensmonaten des Heiligen eine „eindrucksvolle Zeichenpredigt", mit der Franziskus, von den Schwestern nach San Damiano eingeladen, wortlos um sich herum einen Kreis aus Asche zieht, nach langem Schweigen auf der Erde sitzend den Bußpsalm 51 anstimmt und schließlich die Kirche eilig verlässt (FQ 411).

Tatsächlich hebt auch im vorliegenden Text die Argumentation der Fürsprecher eines Treffens mit Klara auf die moralische Problematik ab. Die Brüder betonen umso mehr die Verpflichtung des Heiligen gegenüber der „göttlichen Liebe“ und nennen damit bewusst das Lebensleitwort ihres Gründers. Almosen „um der Liebe Gottes willen“ zu erbitten ist Franziskus‘ Erkennungszeichen, von Beginn seines neuen Lebens an.[47] Der sich anschließende Dialog zeigt denn auch, dass der Poverello trotz seiner besonderen Autoritätsstellung die Gefährten nicht nur anhört, sondern ihre Bitte im spirituellen Sinn als Aufforderung, ja Notwendigkeit begreift. Die Tatsache, dass er selbst die Portiuncula als Treffpunkt vorschlägt, offenbart darüber hinaus Feinfühligkeit und Empathie für Klara. Er weiß, womit er ihr eine ausgesprochene Freude machen kann und trifft dabei, wie das Verhalten der Freundin zeigt, ins Schwarze.

Auch wenn das Zentrum der Geschichte, die Ansprache des Heiligen und die darauffolgende Verzückung aller Anwesenden wenig Konkretheit besitzt, so ist doch die Wirkung auf die Bewohner der umliegenden Orte umso sinnfälliger. Dass ihr Schreck über den plötzlichen Waldbrand in Bewunderung und Freude, vielleicht sogar Stolz auf diese beiden großen Heiligen ihrer Gegend umschlägt, mag ein weiterer Hinweis darauf sein, dass diese Geschichte postum entstanden ist. Dennoch bewahrt sie nicht nur einzelne historische Details wie den Umstand, dass Agnes von Assisi eine Zeit lang

San Damiano verlassen hat, um anderen Frauengemeinschaften den Geist der Minderen Schwestern zu vermitteln, sondern dient auch als Ermutigung und Beispiel für Ordensleute, sich ihrer ersten Liebe, ganz konkret des Ortes ihrer Entscheidung für die Nachfolge Christi nicht nur zu erinnern, sondern ihn hin und wieder aufzusuchen. Schließlich: Auch wir werden durch diese Geschichte aufgefordert, *burning persons* zu sein, als Christen in der Nachfolge Jesu uns entzünden zu lassen von seiner Botschaft der Liebe und des Erbarmens.

Der Wald als Ausgangspunkt für die Verkündigung des Evangeliums

Streng hielt sich Franziskus, der Zeit seines Lebens immer wieder von dem inneren Wunsch bedrängt wurde, sich ganz der Kontemplation zu widmen, an die dem Evangelium entsprechende 40tägige Zeit der Einkehr, um Kraft zu schöpfen und den Willen Gottes zu erfragen. Vom Eifer für die Verkündigung des Evangeliums beseelt, entfernt er sich zwischen 1208 und 1220 monatelang von seiner Heimatstadt, durchwandert predigend und Frieden stiftend Italien, versucht 1212 auf dem Landweg nach Syrien zu kommen, muss aber, durch einen Seesturm daran gehindert, in Dalmatien umkehren. 1214 schifft er sich auf dem Weg nach Marokko – das er wegen Krankheit nicht erreicht – nach Spanien ein; er zieht 1219 mit dem Kreuzfahrerheer ins Hl. Land und versucht dort als Friedensstifter zu wirken.[48] Zwar gelingt es ihm, wie oben erwähnt, mit dem muslimischen Herrscher al-Kāmil zusammenzutreffen, und die beiden scheiden in gegenseitiger Anerkennung voneinander, doch das Angebot des Sultans, freien Zugang zu den Heiligen Stätten zu gewähren, schlagen die siegesgewissen christlichen Anführer in den Wind. So wird der Heilige schließlich Zeuge der „blutigen Eroberung“[49] der Stadt Damiette: ein Erlebnis, das bei ihm vermutlich eine schwere Retraumatisierung bewirkte. Ohnehin durch seinen asketischen Lebenswandel geschwächt, kehrt er 1220 todkrank aus dem Orient zurück. Eine bakterielle Augeninfektion (Trachom), auch ägyptische Krankheit genannt und extrem schmerzhaft, führt zu seiner fast völligen Erblindung.[50] Das noch in seinem Todesjahr erfolgende Brennen der Schläfen mit glühendem Eisen, eine ebenso drakonische wie nutzlose Operation, verschlimmert den Gesundheitszustand des Heiligen zusätzlich.

Seit der Überlassung der Portiuncula-Kapelle durch die besitzende Benediktinerabtei im Jahre 1210 hatte sich dieses Marienkirchlein in der bewaldeten Ebene vor Assisi, anfangs nur um überdachte Unterstände erweitert, zum Zentrum der Bewegung entwickelt. Damit die Organisation mit dem raschen Wachstum der Gemeinschaft Schritt halten konnte und sicher auch, um den international agierenden Brüdern eine geistliche Heimat und spirituelle Rückbindung an den Ort des gottgewirkten Anfangs zu geben, fanden in der Folgezeit jährlich an Pfingsten sog. Mattenkapitel statt. Dabei wurden, häufig in Anwesenheit hoher kirchlicher Würdenträger, die Regelentwürfe beraten, Brüder in die Länder Europas und am Mittelmeer entsandt sowie die jeweiligen Provinzgrenzen festgelegt.

Franziskus hatte den Gedanken der peregrinatio pro Christo, der freiwilligen Selbstverbannung im Namen Christi, wie ihn einst die iroschottischen Mönche leitmotivisch über ihr entbehrungsreiches missionarisches Leben stellten, auch für sich fruchtbar gemacht. Sein Vorbild aus dem Evangelium war dabei von Beginn an der in der Bibelexegese sog. Galiläische Frühling: Jesus, der, inmitten seiner Jünger, diese zu zweit aussendet und ihnen genaue Anweisung gibt (Lk 10,1–16). Dementsprechend heißt es in der vom Papst im Nov. 1223 bullierten Regel: „Die Brüder sollen sich nichts aneignen, weder Haus noch Ort noch sonst eine Sache. Und gleichwie Pilger und Fremdlinge in dieser Welt, die dem Herrn in Armut und Demut dienen, mögen sie voll Vertrauen um Almosen bitten gehen und sollen sich dabei nicht schämen, weil der Herr sich für uns in dieser Welt arm gemacht hat“ (FQ 98). Vor diesem Hintergrund wehrte sich der Poverello lange, den gebildeten Brüdern, die entweder bereits vor ihrem Eintritt intellektuell tätig waren oder für ein Studium geeignet schienen, den Besitz von Büchern zu gestatten bzw. die Lehrerlaubnis an Universitäten zu erteilen. Erst 1224 genehmigte er das Theologiestudium. Trotz seiner eigenen, für einen Mann seines Standes überraschend zahlreichen geistlichen Texte verstand sich Franziskus selbst nicht als Lehrer oder spiritueller Autor, sondern im ursprünglichen Sinn als Verkünder der reinen Botschaft Jesu Christi.

Der in der Regel verwendete Begriff Pilger, Per-egr-inus, ist dabei wörtlich zu verstehen: Er bezeichnet einen Menschen, der über den Acker (ager) geht, also nicht sesshaft ist, sondern als Tagelöhner und durchreisender Migrant kaum Spuren hinterlässt. Ein Selbstverständnis, das auch eine Szene im Sacrum Commercium, dem „Geheiligten Bund des seligen Franziskus mit der Herrin Armut“ reflektiert. Darin besucht die personifizierte Paupertas die Brüder und bittet sie, „man möge ihr das Kloster zeigen. Die Brüder führten sie auf einen Hügel, zeigten ihr die ganze Welt, soweit man sehen konnte, und sprachen: Das ist unser Kloster, Herrin!“ (FQ 683).

Ebenso schlicht wie eindrücklich schildert der „erste Versuch einer Ordensgeschichte“[51] mit dem Titel „Über den Anfang oder vielmehr die Grundlegung des Ordens“, der nach aktuellen Erkenntnissen aus der Feder des Johannes von Perugia stammt und wohl vor 1241 entstand, die Aussendung der Brüder zur Verkündigung durch Franziskus: „[...] Seine sechs Brüder, die er hatte, zu sich rufend, versammelte er sie in dem Wald neben der Kirche von Santa Maria von Portiunkula, wohin sie häufig zum Gebet gingen; und er sagte zu ihnen: ‚Erwägen wir unsere Berufung, liebste Brüder, da Gott uns barmherzig berufen hat nicht nur zu unserem Heil, sondern auch zum Besten vieler und auch zu ihrem Heil. Ziehen wir also durch die Welt, um Männer und Frauen zu ermahnen und durch Wort und Beispiel zu lehren, damit sie Buße tun für ihre Sünden und sich an die Gebote des Herrn erinnern, die so lange Zeit in Vergessenheit geraten sind.‘ Und weiter sagte er zu ihnen: ‚Fürchtet euch nicht, kleine Herde, sondern habt Vertrauen auf den Herrn. Und sagt nicht untereinander: ‚Wir sind dumm und ohne Bildung, wie sollen wir da predigen?‘ Erinnert euch vielmehr an die Worte des Herrn, die er seinen Jüngern sagte, indem er sprach: ‚Denn nicht ihr seid es, die da reden, sondern der Geist eures Vaters ist es, der in euch redet‘. Denn der Herr selbst wird Euch den Geist und die Weisheit geben, um zu ermahnen und den Männern und Frauen den Weg und die Werke gemäß seinen Geboten zu lehren. Ihr werdet gläubige Menschen finden, milde, demütige und wohlwollende, die euch und eure Worte mit Freude und Liebe aufnehmen werden. Wieder andere werdet ihr finden, ungläubige, hochmütige und lästernde, die euch und euren Worten Widerstand leisten und Euch schmähen. Nehmt euch deshalb in eurem Herzen vor, dies alles geduldig und demütig zu ertragen.‘ Als die Brüder diese Worte gehört hatten, ergriff sie Furcht. Wie aber der selige Franziskus sah, dass sie sich fürchteten, sagte er zu ihnen: ‚Erschreckt nicht! Ihr sollt nämlich wissen, dass nach nicht langer Zeit viele weise, kluge und vornehme Männer zu uns kommen und mit uns leben werden. Sie werden einfachen Leuten und Völkern, Königen und Fürsten predigen, und viele werden sich zu Gott bekehren. Und der Herr wird seine Familie auf der ganzen Welt vermehren und wachsen lassen.‘ Nach all diesen Worten segnete er sie, und sie gingen fort“ (FQ 585–586).

Was hier aus der Rückschau, zwanzig Jahre nach dem Tod des Heiligen, erzählt wird, ist nicht bloß als Kunstgriff zu deuten, mit dem man die tatsächliche Erfolgsgeschichte der franziskanischen Lebensform in die schwierige Anfangszeit projiziert, sondern es soll vielmehr veranschaulicht werden, dass der Glaube Unmögliches möglich machen oder, wie es im Evangelium heißt, Berge versetzen kann, wenn er nur stark genug ist (vgl. Mk 11,23). Franziskus, der alles von Gott erwartet und gleichzeitig sich ihm ganz und gar zur Verfügung gestellt hat, stärkt seine Mitbrüder, indem er sein Vertrauen in die göttliche Führung mit ihnen teilt und so Zeugnis gibt für die Unverfügbarkeit des Willens Gottes, an den menschliche Maßstäbe anzulegen, nicht mehr der Botschaft des Evangeliums entspräche.

Da heute die Reflexion über den sog. ökologischen Fußabdruck des einzelnen Menschen und ganzer Kontinente endlich in der Mitte der Gesellschaft angekommen ist, gerät die Rückbesinnung auf bzw. die „Suche nach einem franziskanischen Lebensentwurf",[52] der sich die freiwillige Genügsamkeit auf die Fahnen geschrieben hat, zunehmend in den Blick. Gleichzeitig löst die „Verzichtsdebatte" allgemein emotionale Abwehr aus. Der Meteorologe und Klimaforscher Prof. Dr. Mojib Latif empfiehlt daher einen Perspektivenwechsel hin zur Frage: „Was gewinnen wir?" Für ihn ist „die Klimafrage" vor allem eine „Gerechtigkeitsfrage": „Es ist eine ganz große Gerechtigkeitsfrage zwischen Arm und Reich, [...] zwischen dem globalen Norden und dem globalen Süden, [...] zwischen den Generationen. [...] Sie kann meiner Meinung nach am besten gelöst werden, wenn es Anreize gibt, sich umweltfreundlicher zu verhalten. [...] Der Staat muss, glaube ich, wieder mehr für die Menschen da sein und eben nicht in erster Linie für die Unternehmen. Es geht um Daseinsfürsorge."[53]

Mit seinem Hinweis „Sozial – und Klimaschutzpolitik [müssen] zusammengedacht werden",[54] nimmt Latif, ohne ausdrücklich darauf Bezug zu nehmen, die Argumentation der beiden einschlägigen Enzykliken von Papst Franziskus „Laudato si'" (2015) und „Fratelli tutti" (2020) auf. Sie sollen

– in aller gebotenen Kürze – wegen ihres eindeutig franziskanischen Blickwinkels bzw. einer zeitgemäßen Weiterentwicklung des Ansatzes von Franz von Assisi weiter unten vorgestellt werden. Angesichts der bedrohlichen Situation, in die wir Angehörige der Industrienationen uns und alles Leben auf der Erde in den letzten rund 200 Jahren gebracht haben, mag eine Fokussierung auf die Beziehung des Menschen zu Gott als überlebt oder vermeidbarer Umweg erscheinen. Tatsächlich aber bleibt nicht nur der hl. Franziskus ohne diese tiefste Motivation unverständlich, sondern es würde überhaupt die christliche Perspektive auf die Schöpfung in Frage gestellt. Verantwortungsübernahme und eine proaktive Revision des eigenen Handelns ist nämlich für gläubige Menschen nur im lebendigen Kontakt mit der transzendenten Wirklichkeit, dem göttlichen Du, möglich.

Vergegenwärtigung des Weihnachtsgeheimnisses im Wald von Greccio

Zu den bekanntesten und schönsten „Einfällen" des heiligen Franziskus zählt seine Veranschaulichung der Geburts- oder vielmehr Anbetungsszene in Betlehem (Lk 2,1–20) an Weihnachten 1223 in der Einsiedelei Greccio. Der bereits erwähnte Biograf Thomas von Celano bietet dafür seine ganze poetische Kraft auf und macht aus dieser Begebenheit eine franziskanische Sternstunde. Auch stellt er sie bewusst an das Ende seiner ersten Lebensbeschreibung, um damit, vergleichbar dem Ruf am Ende der Hl. Messe „Ite, missa est – Gehet hin in Frieden!",[55] seine Leser:innen zur Verkündigung der Frohen Botschaft in die Welt zu schicken:

„Sein [= des Franziskus] höchstes Streben, sein vornehmster Wunsch und seine oberste Lebensregel war, das heilige Evangelium in allem und durch alles zu beobachten. Mit aller Wachsamkeit, allem Eifer, der ganzen Sehnsucht seines Geistes und der ganzen Glut seines Herzens suchte er, vollkommen der Lehre unseres Herrn Jesus Christus zu folgen und seinen Fußspuren nachzuwandeln. In eingehender Betrachtung rief er die Erinnerung an seine Worte wach und in nachspürender Erwägung überdachte er seine Werke. Vor allem war es die Demut der Menschwerdung Jesu und die durch sein Leiden bewiesene Liebe, die seine Gedanken derart beschäftigten, dass er kaum an etwas Anderes denken wollte.

Daher muss man jener Feier gedenken und sie ehrfurchtsvoll erwähnen, die er im dritten Jahr vor seinem glorreichen Hinscheiden bei einem Dorf namens Greccio am Tage der Geburt unseres Herrn Jesus Christus abgehalten hat. In jener Gegend lebte ein Mann mit Namen Johannes, von gutem Ruf, aber noch besserem Lebenswandel. Ihm war der selige Franziskus in besonderer Liebe zugetan, weil er trotz des großen Ruhmes und des Ansehens, das er daheim genoss, den Adel des Fleisches verachtete und nach dem Adel der Seele trachtete. Diesen ließ nun der selige Franziskus, wie er oft zu tun pflegte, zu sich rufen, etwa vierzehn Tage vor der Geburt des Herrn, und sprach zu ihm: ‚Wenn du wünschst, dass wir bei Greccio das bevorstehende Fest des Herrn feiern, so gehe eilends hin und richte sorgfältig her, was ich dir sage. Ich möchte nämlich das Gedächtnis an jenes Kind begehen, das in Bethlehem geboren wurde, und ich möchte die bittere Not, die es schon als kleines Kind zu leiden hatte, wie es in eine Krippe gelegt, an der Ochs und Esel standen, und wie es auf Heu gebettet wurde, so greifbar als möglich mit leiblichen Augen schauen.‘ Als der gute und treue Mann das hörte, lief er eilends hin und rüstete an dem genannten Ort alles zu, was der Heilige angeordnet hatte.

Es nahte der Tag der Freude, die Zeit des Jubels kam heran. Aus mehreren Niederlassungen wurden die Brüder gerufen. Männer und Frauen jener Gegend bereiteten, so gut sie konnten, freudigen Herzens Kerzen und Fackeln, um damit jene

Nacht zu erleuchten, die mit funkelndem Sterne alle Tage und Jahre erhellt hat. Endlich kam der Heilige Gottes, fand alles vorbereitet, sah es und freute sich. Nun wird eine Krippe zurechtgemacht, Heu herbeigebracht, Ochs und Esel herzugeführt. Zu Ehren kommt da die Einfalt, die Armut wird erhöht, die Demut gepriesen, und aus Greccio wird gleichsam ein neues Bethlehem. Hell wie der Tag wird die Nacht, und Menschen und Tieren wird sie wonnesam. Die Leute eilen herbei und werden bei dem neuen Geheimnis mit neuer Freude erfüllt. Der Wald erschallt von den Stimmen, und die Felsen hallen wider von dem Jubel. Die Brüder singen und bringen dem Herrn das schuldige Lob dar, und die ganze Nacht jauchzt auf in hellem Jubel. Der Heilige Gottes steht an der Krippe, er seufzt voll tiefen Wehs, von heiliger Andacht durchschauert und von wunderbarer Freude überströmt. Über der Krippe wird ein Hochamt gefeiert, und ungeahnte Tröstung darf der Priester verspüren.

Da legt der Heilige Gottes die Levitengewänder an – denn er war Diakon – und singt mit wohlklingender Stimme das heilige Evangelium. Und zwar lädt seine Stimme, seine starke Stimme, seine sanfte Stimme, seine klare Stimme, seine wohlklingende Stimme alle zum höchsten Preise ein. Dann predigt er dem umstehenden Volk von der Geburt des armen Königs und bricht in lieblichen Lobpreis über die kleine Stadt Bethlehem aus. Oft wenn er Christus ‚Jesus' nennen wollte, nannte er ihn, von übergroßer Liebe erglühend, nur ‚das Kind von Bethlehem', und wenn er ‚Bethlehem' aussprach, klang es wie von einem blökenden Lämmlein. Mehr noch als vom Worte floss sein Mund über von süßer Liebe. Wenn er das ‚Kind von Bethlehem' oder ‚Jesus' nannte, dann leckte er gleichsam mit der Zunge seine Lippen, indem er mit seinem glückseligen Gaumen die Süßigkeit dieses Namens verkostete und schlürfte. Es vervielfachten sich dort die Gaben des Allmächtigen, und ein frommer Mann hatte eine wunderbare Vision. Er sah nämlich in der Krippe ein lebloses Knäblein liegen; zu diesem sah er den Heiligen Gottes hinzutreten und das Kind wie aus tiefem Schlaf erwecken. Gar nicht unzutreffend ist diese Vision; denn der Jesusknabe war in vieler Herzen vergessen. Da wurde er in ihnen mit Gottes Gnade durch seinen heiligen Diener Franziskus wiedererweckt und zu eifrigem Gedenken eingeprägt. Endlich beschließt man die nächtliche Feier, und ein jeder kehrt in seliger Freude nach Hause zurück.

Das Heu, das in der Krippe gelegen hatte, bewahrte man auf, damit der Herr, der sein heiliges Erbarmen gar mannigfach erzeigt, Pferde und andere Tiere dadurch heile. Und so geschah es in der Tat, dass in der umliegenden Gegend viele Tiere, die verschiedene Krankheiten hatten, von diesen befreit wurden, wenn sie von dem Heu fraßen. Ja, auch Frauen, die unter schweren und lange dauernden Geburtswehen zu leiden hatten, ließen sich von dem Heu auflegen und konnten dann glücklich gebären. Auch erlangten nach Greccio strömende Pilger beiderlei Geschlechtes die ersehnte Heilung von verschiedenen Unglücksfällen. Später wurde der Ort, an dem die Krippe gestanden hatte, dem Herrn als Tempel geweiht und zu Ehren des hochseligen Vaters Franziskus über der Krippe ein Altar errichtet und eine Kirche gebaut, damit dort, wo einst die Tiere das Heu fraßen, in Zukunft die Menschen zum Heil der Seele und des Leibes das Fleisch unseres Herrn Jesus Christus, des Lammes ohne Fehl und Makel, genießen könnten, der in höchster und unaussprechlicher Liebe sich selbst für uns hingegeben hat und der mit dem Vater und dem Heiligen Geist lebt und herrscht als ewig glorwürdiger Gott durch alle Ewigkeit. Amen. Alleluia, Alleluia.

Damit schließt das erste Buch über das Leben und die Taten des seligen Franziskus" (FQ 249–251).

Diese auch nach 800 Jahren kaum verblasste Schilderung eines „Krippenspiels"[56] in adäquater Umgebung ist einmal mehr ein Beleg für die spirituelle Sensibilität des Franziskus. Die Menschwerdung Gottes, dieser Liebesbeweis des Schöpfers, wie ihn die Heiligen Schriften überliefern, war für den Kaufmannssohn aus Assisi nicht tradiertes Glaubensgut oder toter Buchstabe, sondern persönlich erfahrene Wirklichkeit geworden. Wiewohl sich die Forschung nicht einig ist, ob Franziskus bei seinem Aufenthalt im Hl. Land die Stätten von Geburt und Tod Jesu besuchen konnte, zeigt die Weihnachtsfeier von Greccio, dass ein Mensch von seiner Vorstellungskraft eines solchen äußeren Anhaltspunktes nicht bedurfte. Die Idee zur Vergegenwärtigung der Geburt Christi außerhalb eines Kirchengebäudes[57] entspringt zweifellos seiner Empathie mit den Armen und Ausgegrenzten. Sie gehörten zwar schon zum „Personal" seiner Kindheit wie Eltern und Dienstboten, Ritter und Bauern, doch erst die eigene Krisenerfahrung öffnete ihm die Augen, im Sinne des Gebotes: Liebe Deinen Nächsten – Er ist wie Du (Lev 19,18). Damit hat „Franziskus auch die soziale Provokation neu erfasst, die in der [...] Gottesgeburt draußen vor den Toren“[58] liegt. Der Poverello wechselt den Schauplatz für die liturgische Inszenierung und gewinnt damit einmal mehr an Authentizität. Bewusst lädt er Menschen von außen in die noch sehr rudimentär gestaltete Einsiedelei. Sie sind es, die wie „die Hirten“ zum neuen Stall von Betlehem im Inneren der Brüdergemeinschaft „eilen“ (Lk 2,16). So können aus Statisten Protagonisten werden, in deren Herzen Christus (neu) geboren wird, und Weihnachten zu einem Fest der Aufhebung sozialer Barrieren und rückhaltloser Geschwisterlichkeit.

In diesem Zusammenhang spricht der Kapuzinerhistoriker Niklaus Kuster von der „pastoralen Herausforderung“, die darin bestehe, dass Franziskus „Gottes Zuwendung fern der kirchlichen Binnenräume und traditioneller Liturgie [...] spürbar“[59] gemacht habe. Vor solchem Hintergrund ist allerdings auch zu sehen, wie diese innovative Stoßrichtung des Heiligen in der später zur einzig gültigen erklärten Franziskus-Biografie des Generalministers Bonaventura von Bagnoregio (1221–1274) abgemildert und geglättet wird: „[...] Damit man ihm diese Feier aber nicht als Neuerung auslege, erbat er sich vom Papste die Erlaubnis dazu und erlangte sie auch“ (FQ 750–751). Tatsächlich war eine Heilige Messe außerhalb einer konsekrierten Kirche erst seit dem Tragaltarprivileg vom 3. Dezember 1224 möglich. Eventuell wurden auch spätere Gepflogenheiten wie die Verpflichtung zur Mitfeier der

Hl. Messe an den Hochfesten (oder auch täglich?) sowie die Voraussetzung der niederen Weihen für den Verkündigungsdienst von Celano und Bonaventura anachronistisch in die letzten Lebensjahre des Poverello verlegt. Denn bis heute ist nicht unumstritten, ob Franziskus tatsächlich Diakon[60] war, scheint doch die Erhebung in den Klerikerstand nicht ohne Weiteres mit dem vereinbar zu sein, was über sein Selbstverständnis als frater minor überliefert wird. Überdies riefe ein solcher Akt des verehrten Gründers nicht nur zur Nachahmung auf, sondern würde die Predigttätigkeit aller Laienbrüder in Frage stellen. In der Tat zeigte sich in den letzten Lebensmonaten des Heiligen, dass die Klerikalisierung auch vor den Minderbrüdern nicht Halt machte.[61]

Aus den einstigen unterschiedslos „Fratres-Brüder" Genannten wurden bald Fratres und Patres, eine Tradition, die bis in die jüngste Zeit reicht. Erst vor wenigen Jahrzehnten besannen sich die franziskanischen Männerorden auf ihre Anfänge und nennen sich seitdem wieder alle Brüder. Dies führt nun allerdings unter den Gläubigen zu Irritationen. Denn sie möchten gerade im Blick auf die Sakramentenspendung wissen, ob sie es mit einem Kleriker oder einem Laien zu tun haben.

Obwohl die Erlaubnis zur Laienpredigt, die Innozenz III. (1161–1216, reg. 1198–1216) Franz von Assisi und seinen Brüdern gegeben hatte, nie offiziell zurückgenommen wurde, sind öffentliche Predigten von Nichtpriestern in den letzten Jahrhunderten kaum mehr anzutreffen. Zudem ist kirchenrechtlich längst vorgesehen, dass Orden, denen Priester und

Laien angehören, sog. klerikale Orden, von einem Priester geleitet werden müssen. Das ist ein Umstand, der seit dem spirituellen Aufbruch nach dem II. Vatikanischen Konzil und der von ihm geforderten Rückkehr zu den Quellen (Ad fontes!) zunehmend weniger dem entspricht, wovon die Angehörigen der franziskanischen Ordensfamilie in Treue zu ihrem Gründungscharisma überzeugt sind.

Im Mai 2022 gab Papst Franziskus endlich der wiederholt vorgetragenen Bitte, auch die höheren Leitungsämter für Laienbrüder zu öffnen, statt. Allerdings muss eine entsprechende Wahl zum Provinzial- bzw. Generalminister nun begründet und der zuständigen Kongregation für die Institute des geweihten Lebens im Vatikan mitgeteilt werden. Nur im Falle einer Zustimmung der römischen Behörde wird sie tatsächlich rechtskräftig. Verständlicherweise kommentiert die deutsche Franziskanerprovinz dies auf ihrer Homepage mit den Worten: „Die aktuelle Entscheidung von Papst Franziskus ist […] nur ein erster Schritt, um die Gleichheit aller Ordensmitglieder zu erreichen."[62]

Lebendiges Evangelium: Verdichtung franziskanischer Spiritualität im „Sonnengesang“

Nach dem Wunsch des hl. Franziskus sollte allen Menschen das Leben Jesu von der Krippe bis zum Kreuz so nah wie nur möglich vor Augen gestellt werden, vielleicht in Analogie zu Sir 36,5: „Sie sollen dich erkennen, wie auch wir erkannt haben, dass es keinen Gott gibt außer dir, Herr!“

Dabei sind für den Poverello Geburt und Erlösungstod Jesu nicht Ereignisse der Vergangenheit, die man glaubend zur Kenntnis nimmt, sondern sie geschehen aus heilsgeschichtlicher Perspektive in jeder Sekunde, an jedem Ort aufs Neue. Deshalb wird er nicht müde zu verkünden, dass Christus im Herzen *jedes* Menschen geboren werden will, dass er für *jeden* Menschen gelitten hat und gestorben ist, damit wir alle gemeinsam mit ihm zur Auferstehung gelangen. Franziskus ist überzeugt: Die liebende Macht[63] Gottes durchwaltet von Beginn an die Welt und kommt nie an ein Ende. Sie wird sichtbar und greifbar in der Schönheit und Überfülle der Schöpfung, so dass sie für jeden „Menschen guten Willens“ (Lk 2,14) zum offenen Buch für Gottes Liebe werden kann.

Zwei Jahre vor seinem Tod verstärken sich die Anzeichen, dass der Stigmatisierte, der zeitlebens seinem Leib, dem

„Bruder Esel“ (FQ 365), zu viel abverlangt hatte, nicht mehr lange zu leben hat. Zahlreiche Krankheiten und geistliche Trostlosigkeit, gepaart mit Zweifeln an der Treue seines Ordens zum ursprünglichen Auftrag, lassen zur äußeren Nacht, die den fast Erblindeten von Pflege bzw. einem Begleiter abhängig macht, eine innere Dunkelheit hinzukommen. Er hatte sich buchstäblich wund gelebt und sehnte sich danach, „aufzubrechen und bei Christus zu sein“ (Phil 1,23).

Als er im Winter 1224/1225 in einer Hütte aus Strohmatten nahe des Schwesternkonventes San Damiano auch noch von einer Mäuseplage heimgesucht wird, kann er dies nach der Darstellung im „Spiegel der Vollkommenheit“ nur als eine „teuflische Versuchung“ (FQ 1307) deuten. Doch wie einige Monate zuvor auf dem La Verna harrt der Leidgeprüfte auch diesmal nicht umsonst geduldig aus. Gott, der nicht *vor* der Not, sondern *in* der Not rettet, stärkt in ihm die innere Gewissheit, dass er den „großen Schatz“ (FQ 1307), also das, „was Gott denen bereitet hat, die ihn lieben“ (1 Kor 2,9), erhalten wird. Voller Glückseligkeit über diese unmittelbare Zusage Gottes teilt er seinen Brüdern mit: „Daher will ich zu seinem Lob, zu unserem Trost und zur Erbauung des Nächsten ein neues ‚Loblied von den Geschöpfen des Herrn‘ schaffen, deren wir uns täglich bedienen, ohne die wir nicht leben können und in denen das Menschengeschlecht den Schöpfer sehr beleidigt. Ständig sind wir undankbar gegen eine solche Gnade und so große Wohltat, indem wir den Herrn, den Schöpfer und Schenker alles Guten, nicht loben, wie wir müssten“ (FQ 1308).

Wie aktuell klingt diese Situationsbeschreibung in unserer Zeit, die von Klimakatastrophen, Pandemie und kriegerischer Auseinandersetzung mitten in Europa gekennzeichnet ist! Klar und logisch zwingend analysiert der Todkranke das Verhältnis von uns Menschen zu unseren Mitgeschöpfen: 1. wir nutzen sie „täglich" und selbstverständlich; 2. unser eigenes Leben hängt unabweisbar an ihrer Existenz und 3. durch die Art unseres Gebrauchs, der besser als Missbrauch zu benennen ist, beleidigen wir den Schöpfer als ihren und unseren Urheber. Daher erinnert Franziskus mit dem „Sonnengesang", seiner Einladung der Geschöpfe zum gemeinsamen Lob auf den Schöpfer, an die ursprüngliche Schöpfungsordnung, in der der Mensch nicht das Gegenüber der Schöpfung ist, sondern als Teil von ihr, untrennbar mit ihr verbunden, den Schöpfer selbst zum Gegenüber hat. Ihm und seinem Wort ist er – wie das erste Menschenpaar – zur Ant-wort verpflichtet. Franziskus setzt hier einen poetisch-pädagogischen Akzent, der Vermächtnis und Auftrag zugleich bedeutet:

Höchster, allmächtiger, guter Herr,
dein sind das Lob, die Herrlichkeit und Ehre
und jeglicher Segen.
Dir allein, Höchster, gebühren sie,
und kein Mensch ist würdig, dich zu nennen.
Gelobt[64] seist du, mein Herr,
mit allen deinen Geschöpfen,
zumal dem Herrn Bruder Sonne,

welcher der Tag ist und durch den du uns leuchtest.
Und schön ist er und strahlend mit großem Glanz:
Von dir, Höchster, ein Sinnbild.
Gelobt seist du, mein Herr,
durch Schwester Mond und die Sterne;
am Himmel hast du sie gebildet,
klar und kostbar und schön.
Gelobt seist du, mein Herr,
durch Bruder Wind und durch Luft und Wolken
und heiteres und jegliches Wetter,
durch das du deinen Geschöpfen Unterhalt gibst.
Gelobt seist du, mein Herr,
durch Schwester Wasser,
gar nützlich ist es und demütig und kostbar und keusch.
Gelobt seist du, mein Herr,
durch Bruder Feuer,
durch das du die Nacht erleuchtest;
und schön ist es und fröhlich und kraftvoll und stark.
Gelobt seist du, mein Herr,
durch unsere Schwester, Mutter Erde,
die uns erhält und lenkt
und vielfältige Früchte hervorbringt
und bunte Blumen und Kräuter.
Gelobt seist du, mein Herr,[65]
durch jene, die verzeihen um deiner Liebe willen
und Krankheit ertragen und Drangsal.
Selig jene, die solches ertragen in Frieden,
denn von dir, Höchster, werden sie gekrönt.

Gelobt seist du, mein Herr,
durch unsere Schwester, den leiblichen Tod;
ihm kann kein Mensch lebend entrinnen.
Wehe jenen, die in tödlicher Sünde sterben.
Selig jene, die er findet in deinem heiligsten Willen,
denn der zweite Tod wird ihnen kein Leid antun.
Lobt und preist meinen Herrn
und dankt ihm und dient ihm mit großer Demut.
(FQ 40–41)

Zwar greift Franziskus mit diesem Hymnus auf Elemente einer ethisch-religiösen Tradition zurück, in der Tiere und Pflanzen „vermenschlicht“ und personifiziert werden oder positive bzw. negative Haltungen wie Tugenden und Laster als allegorische Figuren ein Eigenleben entwickeln, doch ist die Anrede als Bruder bzw. Schwester und die daraus resultierende geschwisterliche Beziehung zur belebten und unbelebten Natur Ausfluss einer Spiritualität, die ausschließlich mit seinem Namen verbunden ist. Dabei verbirgt sich hinter der Nennung beispielhafter Geschöpfe – Tiere sind dabei ausschließlich mitgedacht – eine bewusst komponierte und zutiefst vom Wort Gottes inspirierte „Zahlensymbolik“.[66]

In 33 Zeilen, die an die irdische Lebenszeit Jesu erinnern, werden „drei Arten von Lichtgestirnen am Himmel“ mit den „vier Urelementen Luft, Wasser, Feuer und Erde“ verbunden: „Indem Franz immer ein brüderliches Geschöpf einem schwesterlichen zuordnet, spiegelt sein Sonnengesang kosmisch eine universale Geschwisterlichkeit.“ Die Urfassung des Liedes bestand aus acht Strophen einschließlich des Rahmens, auch dies in der Verdoppelung der Vierzahl nochmals eine Bestätigung dessen, was die erste Schöpfungserzählung mit dem wiederkehrenden Satz, „Gott sah, dass es gut war" (Gen 1,10), ausdrückt.

Darüber hinaus berichtet der „Spiegel der Vollkommenheit" von den klaren Vorstellungen des Heiligen, wie dieses mit Melodie unterlegte Lob Gottes in der Verkündigung eingesetzt werden sollte: „Er sagte nämlich, er wolle, dass ein Bruder, der unter ihnen am besten predigen könne, zuerst dem Volk predigen solle, und nach der Predigt sollten alle gemeinsam die ‚Lobpreisungen Gottes' singen, gleichsam wie Spielleute des Herrn. Nach Beendigung des Lobpreises wollte er, dass der Prediger dem Volk sage: ‚Wir sind Spielleute des Herrn und möchten von euch damit belohnt werden, dass ihr in wahrer Buße verharrt.' Und er sprach: ‚Was sind nämlich die Diener Gottes, wenn nicht seine Spielleute, welche die Herzen der Menschen zu geistlicher Fröhlichkeit erheben und bewegen müssen?'" (FQ 1308). Eine echte Gewissensfrage für alle, die heute in der Verkündigung tätig sind! Denn wo die Glaubwürdigkeit des pastoralen Personals, von Hirten und Predigern leidet, da geht der Freude am Glauben das Fundament verloren.

In der Tat hätte auch Franziskus allen Grund gehabt, sich unter die Kritiker der kirchlichen Hierarchie einzureihen, wie das zahlreiche andere Bewegungen taten. Er entscheidet sich jedoch für einen Weg, der weniger öffentliche Aufmerksamkeit bringt, aber deswegen nicht risikoärmer ist. Ihm geht es um die Stärkung der persönlichen Gottesbeziehung jedes Einzelnen, um die täglich erneuerte Hinkehr zu Christus, der die Schuld der Menschen auf sich genommen hat, um sie zu erlösen. Die Erfahrung der göttlichen Liebe, wie sie der Poverello betend in verlassenen Kirchen und im Wald machte, wünschte er allen Menschen. Unterschiedslos alle lädt er ein, ihre gottgeschenkte Würde zu erkennen und sich für Gott zu öffnen.

Daher fügt Franziskus bis zu seinem Tod dem „Sonnengesang“ noch zwei Strophen an, die nun explizit den Menschen in den Blick nehmen, ist der Mensch doch das einzige unter den Geschöpfen, das sich frei für, aber auch gegen Gott entscheiden kann und deshalb umso mehr die brüderlich-ernste Ermahnung braucht. An belastenden Erfahrungen nicht zu zerbrechen, den ersten Schritt zur Versöhnung zu tun, Frieden zu stiften und trotz aller Hindernisse durchzutragen wie jene, die Jesus seliggepriesen hat (Mt 5,9) – dies sind Haltungen, die nicht nur menschlichem Geltungsstreben entgegenstehen, sondern auch unsere Frustrationstoleranz gewaltig strapazieren. Anlass für die erste Erweiterung des Liedes war denn auch ein Konflikt zwischen dem Bürgermeister und dem Bischof von Assisi, beides ehrenhafte Männer, aber wohl cholerisch veranlagt und sehr von der eigenen Bedeutung überzeugt.[67]

Einmal mehr bietet Franziskus jetzt sein mächtigstes Argument auf: Man solle verzeihen „per lo tuo amore.“[68] Schon zu Beginn seines geistlichen Weges hatte er sich ja vorgenommen, niemanden, der von ihm etwas „um Gottes Liebe willen“ erbittet, abzuweisen – durchdrungen von der Gewissheit, dass sie immer das je größere Gut[69] ist. Gleich im Anschluss schlägt er den Bogen zu jenen Menschen, die – innerweltlich betrachtet – genug Grund hätten, ungeduldig und verbittert zu sein, nämlich den Kranken an Leib und Seele. Die Zusammenstellung von „infirmitate e tribulatione“[70] erinnert dabei auffallend an die Krisenerfahrungen seiner eigenen Jugend. Irrwege zu verlassen und sich wieder neu zu orient–ieren, nach Osten hin zur aufgehenden Sonne, die Christus ist, dies hatte schon die Wüstenmutter Synkletika als einen Geburtsvorgang beschrieben: „Die erste Geburt ist die körperliche, ein Übergang ‚von Erde zu Erde‘. Die zweite Geburt ist die Taufe, eine geistige Geburt, Übergang ‚von der Erde zum Himmel‘. Die dritte Geburt ist die tägliche Umkehr, das Aufgeben der bösen Gedanken und das Tun des Guten. ‚In dieser dritten Geburt leben wir jetzt‘.“[71] Franziskus, der von den weisen Frauen und Männern in der Wüste sehr viel mehr beeinflusst wurde als von den kanonisierten Kirchenvätern,[72] hätte dem wohl voll und ganz zugestimmt.

Schließlich ist auch die häufige Vergegenwärtigung des sicheren Todes eine unangenehme, aber in den Augen des Heiligen heilsame Übung und nötiger als manch bittere Arznei. Das eigene Leben sub specie aeternitatis, unter dem Blickwinkel der Ewigkeit, zu betrachten, rückt die Größenverhältnisse, die Relationen zurecht und macht unwillkürlich demütig. Nicht von ungefähr endet der „Sonnengesang“ mit dem Wort „humilitate“. Das lateinische bzw. italienische Wort für Demut ist verwandt mit humus – Erde und nimmt die unausweichliche Endlichkeit des Menschen in den Blick. Deshalb ergänzt Franziskus nach Thomas von Celano[73] noch im Sterben sein Liebeslied für den Schöpfer um einen Lobpreis „per sora nostra morte corporale – durch unsere Schwester, den leiblichen Tod." Auch weil mors/morte grammatikalisch feminin ist, lässt sich angesichts dieser letzten Strophe feststellen, dass der Poverello in seiner Wahrnehmung der Schöpfungswirklichkeit eindeutig deren weiblicher Seite den Vorzug gibt: Drei brüderliche Mitgeschöpfe stehen fünf schwesterlichen gegenüber.

Der ehemals ehrgeizige Kaufmannssohn, der vom Krieg Ruhm und sozialen Aufstieg erhoffte und am eigenen Leib dessen menschenverachtende Grausamkeit erleben musste, hatte in einem Leben für und mit Christus erkannt, wieviel lebensförderlicher es ist, menschliche Verwundbarkeit einzugestehen und dem Mitgefühl, der Empathie, in sich Raum zu geben, ja zum Durchbruch zu verhelfen!

Doch auch nach 800 Jahren gehört ein Mann mit solcher Lebenseinstellung noch immer zu den absoluten Ausnahmen innerhalb unserer Kultur – und leider auch in der christlichen Gemeinschaft weltweit. Und dies, obwohl diese Haltung, wie der Psychoanalytiker Arno Gruen überzeugend nachgewiesen hat, die eigentliche Autonomie des Menschen repräsentiert, verstanden als „derjenige Zustand der Integration, in dem ein Mensch in voller Übereinstimmung mit seinen eigenen Gefühlen und Bedürfnissen ist." Demgegenüber gibt sich eine nur vorgetäuschte Autonomie als die „Freiheit" aus, „sich und anderen ständig Beweise der Stärke und Überlegenheit liefern zu müssen.“ Dabei mache es „keinen Unterschied, ob es ein Beweisen für oder gegen die bestehenden Normen ist“, – so Gruen weiter. „Das Wichtigste ist das ständige Beweisen-Müssen; es ist ein kriegerischer Zustand, weit entfernt von der Fähigkeit, das Leben zu bejahen.“[74]

Dem Wissenschaftler zufolge haben familiäre und gesellschaftliche Sozialisierungsprozesse vorrangig die Anpassung an das herrschende Machtgefüge zum Ziel und gerade diejenigen, „die am erfolgreichsten angepaßt sind, sind die eigentlich Schwachen. Darum propagieren sie seit Jahrtausenden den Mythos, daß Empfindsamkeit Schwäche sei. Sie sind es, die allem Schmerz und Leiden durch Spaltung ihres Bewußtseins zu entkommen suchen. Sie sind die eigentlichen Träger einer verzerrten Realität, das heißt der Ideologie der Macht und des Herrschens.“[75]

Durch seine psychotherapeutische Praxis und seine Forschungen bestätigt Gruen, was Franziskus in der Beobachtung des Evangeliums und seine konsequente Ausrichtung an der Person Jesu intuitiv erfasste: die besondere Gefährdung des Mannes durch die „Bewunderung der Macht.“[76]

Weckruf in Erinnerung an Franz von Assisi: Die Enzykliken „Laudato si'" über die Sorge für das gemeinsame Haus und „Fratelli tutti" über die Geschwisterlichkeit und die soziale Freundschaft

Mit dem argentinischen Kardinal Jorge Bergoglio hat 2013 erstmals in der Kirchengeschichte ein Papst den Namen Franziskus gewählt, wohl wissend, dass dies ein hohes Anforderungsprofil beinhaltet. Bereits das noch im Wahljahr veröffentlichte Apostolisches Schreiben „Evangelii Gaudium" knüpfte im Titel an die zentrale Erfahrung des Poverello an: „Die Freude des Evangeliums[77] erfüllt das Herz und das gesamte Leben derer, die Jesus begegnen" (EG 1). Doch mit der Enzyklika „Laudato si'" 2015 bricht Papst Franziskus auch formal ein ungeschriebenes Gesetz: Statt wie sonst bei einem Lehrschreiben, das sich an die ganze Welt richtet, einen lateinischen Titel zu wählen, zitiert er die ersten Worte des altumbrischen „Sonnengesangs" seines Namenspatrons und gibt damit die Grundmelodie, den Referenztext für seine

Ausführungen, bekannt. Unter Bezugnahme auf genuin franziskanisches Gedankengut soll im Folgenden die Argumentationsstruktur der Enzyklika aufgezeigt werden, ohne dass hier eine vertiefte inhaltliche Auseinandersetzung erfolgen kann.

An zahlreichen Stellen innerhalb des 170 Seiten umfassenden Textes erinnert der Papst explizit an die Haltungen, die den Heiligen von Assisi, der sich zugleich als Teil der Schöpfung und als ein mit ihr Beschenkter verstand, auszeichneten (LS 10–12; 87; 218; 221). Diese bilden gewissermaßen den roten Faden, der die Enzyklika durchzieht. Zu Beginn formuliert Papst Franziskus ausgehend von der Liedstrophe für „unsere Schwester, Mutter Erde" die Problemanzeige, indem er den Menschen als Verursacher „des Schadens" benennt: „Wir sind in dem Gedanken aufgewachsen, dass wir ihre [sc. der Erde] Eigentümer und Herrscher seien, berechtigt, sie auszuplündern. Die Gewalt des von der Sünde verletzten menschlichen Herzens wird auch in den Krankheitssymptomen deutlich, die wir im Boden, im Wasser, in der Luft und in den Lebewesen bemerken" (LS 2). Dann spannt der Hl. Vater einen Bogen von der Friedensenzyklika Johannes XXIII. (Pacem in terris), der Anfang der 60er Jahre vor einem Atomkrieg warnte, über die einschlägigen Äußerungen seiner Amtsvorgänger und überschreitet schließlich die Grenzen der katholischen Kirche hin zu den Aussagen des ökumenischen Patriarchen Bartholomaios. Damit ordnet er seine eigene Stellungnahme in den Kontext früherer päpstlicher Verlautbarungen ein und schlägt zugleich eine Brücke zu anderen christlichen Konfessionen. Zwar ist dies in lehramtlichen Texten „guter Brauch“, doch hat es hier auch den Zweck, deutlich zu machen, dass die Enzyklika, die in einem bisher ungewohnten Maß auf außertheologische wissenschaftliche Expertise zurückgreift, nicht völlig aus dem Rahmen fällt, sondern in einer Argumentationslinie mit – teils inzwischen zur Ehre der Altäre erhobenen – früheren Päpsten steht.

Überraschend deutlich nennt Franziskus die innerkirchliche Uneinigkeit bezüglich der Ursachen für den Klimawandel beim Namen und fordert „eine neue universale Solidarität“ (LS 14) ein. Er selbst geht dabei mit gutem Beispiel voran: Charakteristisch für diese Enzyklika ist die Tatsache, dass erstmals auch zahlreiche Aussagen von nationalen Bischofskonferenzen aus aller Welt referiert werden sowie einzelne namhafte Wissenschaftler innerhalb und außerhalb der Kirche zur Sprache kommen. Darunter sind (Religions-)Philosophen wie Romano Guardini (1885–1968) und Paul Ricœr (1913–2005) ebenso wie der zu Lebzeiten mit einem kirchlichen Veröffentlichungsverbot belegte Paläoanthropologe und Evolutionstheologe Pierre Teilhard de Chardin SJ (1881–1955).

Nach einer fundierten und überaus reich mit Beispielen belegten Bestandsaufnahme der bereits fortgeschrittenen Zerstörung unseres globalen „Lebenshauses“ (1. Kapitel) wird unter der programmatischen Überschrift „Das Evangelium von der Schöpfung“ ganz in der Tradition des II. Vatikanischen Konzils darauf hingewiesen, „dass die Lösungen [sc. der ökologischen Krise] nicht über einen einzigen Weg, die Wirklichkeit zu interpretieren und zu verwandeln, erreicht werden können. Es ist auch notwendig, auf die verschiedenen kulturellen Reichtümer der Völker, auf Kunst und Poesie, auf das innerliche Leben und auf die Spiritualität zurückzugreifen. Wenn wir wirklich eine Ökologie aufbauen wollen, die uns gestattet, all das zu sanieren, was wir zerstört haben, dann darf kein Wissenschaftszweig und keine Form der Weisheit beiseitegelassen werden, auch nicht die religiöse mit ihrer eigenen Sprache" (LS 63). Der Respekt vor anderen Religionen und Kulturen, der hier deutlich wird, ist sicher einer der Gründe, warum diese Enzyklika nach ihrem Erscheinen eine so große Aufmerksamkeit und weltweite Zustimmung bekam.

Das zweite Kapitel mit seiner Fülle an biblischen Bezügen und theologischen Argumenten liest sich fast als Hymne auf die Schöpfung, unter Verweis darauf, dass die Tradition sie ja seit den Kirchenvätern als erstes Buch der Offenbarung Gottes betrachtet (LS 85). Allerdings, und das mag man mit manchen Theolog:innen bedauern, wird die Tier- und Pflanzenwelt außer in Schriftzitaten kaum selbst in den Blick genommen.[78] Um es im Vergleich mit dem Sonnengesang des heiligen Franziskus zu sagen: Von dessen acht Strophen werden die ersten sieben zwar ganz oder teilweise zitiert (LS 87; 91), im Zentrum steht jedoch naturgemäß die sechste – und mit ihr „die menschliche Wurzel der ökologischen Krise" (3. Kapitel).

Zugleich findet der Papst deutliche Worte für diejenigen, die sich einseitig für den Tierschutz stark machen, jedoch

„angesichts des Menschenhandels völlig gleichgültig [bleiben], die Armen nicht [beachten] oder darauf [beharren], andere Menschen zu ruinieren, die [ihnen] missfallen [...].“[79] In der Überzeugung, dass „alles miteinander verbunden ist“ (LS 91) und daher der Mensch nie von der Schöpfung bzw. seinen Mitgeschöpfen getrennt betrachtet werden dürfe, wendet sich der Nachfolger Petri scharf gegen einen „modernen Anthropozentrismus“ (3. Kapitel, III.) und plädiert stattdessen für eine „ganzheitliche Ökologie, welche die menschliche und soziale Dimension klar mit einbezieht“ (4. Kapitel).

Im Folgenden seien einige Kernaussagen dieser zentralen Passage zitiert, um einen Eindruck von den Hauptgedanken des Papstes zu vermitteln:

- Einen guten Teil unserer genetischen Information haben wir mit vielen Lebewesen gemeinsam. (LS 138)
- Wir sind in die Natur eingeschlossen, sind ein Teil von ihr und leben mit ihr in wechselseitiger Durchdringung. (LS 139)
- Wir leben und handeln auf der Grundlage einer Wirklichkeit, die uns zuvor geschenkt wurde und die unserem Können und unserer Existenz vorausgeht. (LS 140)
- Wir wissen, dass Länder, die über eine klare Gesetzgebung zum Schutz der Wälder verfügen, weiterhin stumme Zeugen einer häufigen Verletzung dieser Gesetze sind. Zudem übt das, was in einer Region passiert, direkt oder indirekt auch Einfluss auf andere Gebiete aus. (LS 142)

- Weil das Leben und die Welt dynamisch sind, muss auch die Weise, wie man für die Dinge Sorge trägt, flexibel und dynamisch sein. Die rein technischen Lösungen laufen Gefahr, Symptome zu behandeln. (LS 144)
- Es ist es unumgänglich, den Gemeinschaften der Ureinwohner mit ihren kulturellen Traditionen besondere Aufmerksamkeit zu widmen. Denn für sie ist das Land nicht ein Wirtschaftsgut, sondern eine Gabe Gottes und der Vorfahren, die in ihm ruhen; ein heiliger Raum, mit dem sie in Wechselbeziehung stehen müssen, um ihre Identität und ihre Werte zu erhalten. Wenn sie in ihren Territorien bleiben, sind es gerade sie, die am besten für sie sorgen. (LS 146)
- Viele Menschen in (extrem beengten) Lebensumständen sind in der Lage, Bande der Zugehörigkeit und des Zusammenlebens zu knüpfen, die das Gedränge in eine Gemeinschaftserfahrung verwandeln, wo die Wände des Ichs durchbrochen und die Schranken des Egoismus überwunden werden. Diese Erfahrung gemeinschaftlichen Heils ist das, was gewöhnlich kreative Reaktionen auslöst, um ein Gebäude oder ein Wohnquartier zu verschönern (LS 149) – Auf diese Weise sind die anderen nicht mehr Fremde und können als Teil eines „Wir" empfunden werden, das wir gemeinsam aufbauen. Aus demselben Grund ist es sowohl für das städtische als auch für das ländliche Umfeld angebracht, einige Orte zu bewahren, in denen menschliche Eingriffe, die sie ständig verändern, vermieden werden. (LS 151)

- Unser Körper stellt uns in eine direkte Beziehung zur Umwelt und den anderen Lebewesen. Das Akzeptieren des eigenen Körpers als Gabe Gottes ist notwendig, um die ganze Welt als Geschenk des himmlischen Vaters und als gemeinsames Haus zu empfangen und zu akzeptieren, während eine Logik der Herrschaft über den eigenen Körper sich in eine manchmal subtile Logik der Herrschaft über die Schöpfung verwandelt. (LS 155)
- In der gegenwärtigen Situation der globalen Gesellschaft, in der es so viel soziale Ungerechtigkeit gibt und immer mehr Menschen ausgeschlossen und ihrer grundlegenden Menschenrechte beraubt werden, verwandelt sich das Prinzip des Gemeinwohls als logische und unvermeidliche Konsequenz unmittelbar in einen Appell zur Solidarität und in eine vorrangige Option für die Ärmsten. (LS 158)
- Wir sind die Ersten, die daran interessiert sind, der Menschheit, die nach uns kommen wird, einen bewohnbaren Planeten zu hinterlassen. Das ist ein Drama für uns selbst, denn dies beleuchtet kritisch den Sinn unseres eigenen Lebensweges auf dieser Erde. (LS 160)

Weitere zwei Kapitel der Enzyklika bieten „Leitlinien für Orientierung und Handlung“, besonders im Dialog zwischen den politischen Ebenen bzw. zwischen Politik und Wirtschaft sowie zwischen den Religionen und den Wissenschaften, und zeigen Zusammenhänge auf zwischen „ökologische(r) Erziehung und Spiritualität“. Hier werden auch explizit christliche Themen behandelt wie die „Sakramentale(n) Zeichen und die Feiertagsruhe". Abschließend gibt der Papst einen heilsgeschichtlichen Aufriss von der göttlichen Dreifaltigkeit über Maria als „Königin der ganzen Schöpfung" bis hin zur Vollendung allen Lebens „jenseits der Sonne". Da es sich bei der letzten Passage um eine poetisch-seelsorgliche Ermutigung handelt, die das pastorale Eros des gegenwärtigen Papstes zum Leuchten bringt und zugleich implizit auf die achte Strophe des Sonnengesangs Bezug nimmt, sei sie hier im Wortlaut wiedergegeben:

„Am Ende werden wir der unendlichen Schönheit Gottes von Angesicht zu Angesicht begegnen (vgl. 1 Kor 13,12) und können mit seliger Bewunderung das Geheimnis des Universums verstehen, das mit uns an der Fülle ohne Ende teilhaben wird. Ja, wir sind unterwegs zum Sabbat der Ewigkeit, zum neuen Jerusalem, zum gemeinsamen Haus des Himmels. Jesus sagt uns: ‚Ich mache alles neu' (Offb 21,5). Das ewige Leben wird ein miteinander erlebtes Staunen sein, wo jedes Geschöpf in leuchtender Verklärung seinen Platz einnehmen und etwas haben wird, um es den endgültig befreiten Armen zu bringen.

Inzwischen vereinigen wir uns, um uns dieses Hauses anzunehmen, das uns anvertraut wurde, da wir wissen, dass all das Gute, das es darin gibt, einst in das himmlische Fest aufgenommen wird. Gemeinsam mit allen Geschöpfen gehen wir unseren Weg in dieser Welt – auf der Suche nach Gott, denn ‚wenn die Welt einen Ursprung hat und erschaffen worden ist, dann suche nach dem, der sie erschaffen hat, suche nach dem, der ihr den Anfang gegeben hat, nach dem, der ihr

Schöpfer ist!'[80] Gehen wir singend voran! Mögen unsere Kämpfe und unsere Sorgen um diesen Planeten uns nicht die Freude und die Hoffnung nehmen.

Gott, der uns zur großzügigen und völligen Hingabe zusammenruft, schenkt uns die Kräfte und das Licht, die wir benötigen, um voranzugehen. Im Herzen dieser Welt ist der Herr des Lebens, der uns so sehr liebt, weiter gegenwärtig. Er verlässt uns nicht, er lässt uns nicht allein, denn er hat sich endgültig mit unserer Erde verbunden, und seine Liebe führt uns immer dazu, neue Wege zu finden. Er sei gelobt" (LS 243–245).

Wie es seine Gewohnheit ist, schließt Papst Franziskus die Enzyklika mit einem eigens zu diesem Zweck verfassten thematischen Gebet. Im vorliegenden Fall sind es sogar zwei, „eines, das wir mit allen teilen können, die an einen Gott glauben, der allmächtiger Schöpfer ist, und ein anderes, damit wir Christen die Verpflichtungen gegenüber der Schöpfung übernehmen können, die uns das Evangelium Jesu vorstellt" (LS 246).[81]

Aufs Ganze gesehen nimmt „Laudato si'" also vor allem hinsichtlich des Gleichgewichts von naturwissenschaftlichen und theologischen Aussagen im Vergleich mit bisherigen Sozialenzykliken eine Sonderstellung ein. Sie wird fünf Jahre später zusätzlich verstärkt durch eine Art Zwillingstext, der unter dem Eindruck der Covid 19-Pandemie entstand: „Fratelli tutti"[82] knüpft einerseits an bereits veröffentlichte Aussagen zum Zusammenhang zwischen Ökologie und sozialer Gerechtigkeit an, erweitert diese jedoch um den zwischenmenschlichen und interreligiösen Aspekt.

Vorausgegangen war eine Begegnung des Papstes mit Großimam Ahmad al-Tayyeb, dem Leiter der 988 in Kairo gegründeten islamischen Al-Azhar-Universität. Den Anlass dafür bildete die internationale interreligiöse Konferenz in Abu Dhabi 2019, 800 Jahre nach dem Zusammentreffen des Poverello mit Sultan al-Kāmil. Beide Religionsvertreter wollten jedoch nicht nur an Vergangenes erinnern, sondern auch ein Zeichen für die Zukunft setzen und stellten der Öffentlichkeit das gemeinsam erarbeitete „Dokument über die Geschwisterlichkeit aller Menschen für ein friedliches Zusammenleben in der Welt“[83] vor. Auf dieses nimmt nun die Enzyklika „Fratelli tutti“ mehrfach Bezug und führt gleichzeitig den Kerngedanken weiter aus: Nur, wenn weder Mensch und Natur gegeneinander ausgespielt werden noch Mensch gegen Mensch abgewogen wird, sondern jeder Einzelne wie auch alle Völker – und Staaten als deren Vergesellschaftungsformen – Frieden und Menschenrechte achten, kann der Mensch inmitten der Schöpfung seiner von Gott geschenkten Würde gemäß leben. Dann erst sei auch jenes Gleichgewicht hergestellt, das unserem Planeten Leben und Zukunft gibt.

Ausgehend vom biblischen Gleichnis des barmherzigen Samariters (2. Kap.), dessen selbstverständliche Hilfeleistung er nach einer düsteren Bestandsaufnahme (1. Kap.) als Grundlage einer neuen globalen Weltordnung propagiert, entwickelt der Papst Thesen, die auf eine Kurskorrektur in allen Bereichen menschlichen Miteinanders abzielen. Der Weg dahin ist, wie schon „Laudato si’“ deutlich machte, ein

Dialog, der möglichst wenige Tabus[84] kennt. So plädiert Franziskus z.B. dafür, das Grundrecht auf Privateigentum „neu (zu) denken" und verweist dabei auf die Überlegungen der Kirchenväter. Sie seien zu der „Auffassung" gelangt: „Wenn jemand nicht das Notwendige zu einem Leben in Würde hat, liegt das daran, dass ein anderer sich dessen bemächtigt hat" (FT 119) – ein Gedankengang, der übrigens im lateinischen Lehnwort „privat"[85] nach wie vor mitschwingt.

Ähnliches, so darf hinzugefügt werden, gilt für das Privileg, das als „Vorrecht" heute zunehmend kritisch in den Blick genommen wird. Die Frage: „Wem gehört die Welt?", die für Christen und Angehörige auch der beiden anderen heute so genannten Geschwisterreligionen, dem Judentum und dem Islam, zu allen Zeiten nur eine Antwort zulässt, nämlich: „DEM, der sie geschaffen hat", muss umso lauter gestellt werden, je mehr sich Verbrechen wie Land- und Wasserraub, Ausbeutung und Versklavung von Mensch, Tier und Lebensraum ausbreiten. Doch der Kampf gegen kriminelle Formen der Privatisierung kann nicht von einzelnen Gruppierungen, Religionsgemeinschaften oder Nichtregierungsorganisationen gewonnen werden. Er erfordert das Umdenken aller und weltweite Anstrengungen zur verantwortungsvollen sozialökologischen Transformation.

Nichtsdestotrotz beginnt dieser Prozess, wie das Beispiel des hl. Franziskus zeigt, immer im Herzen einzelner Menschen, die sich im eigenen Gewissen herausgefordert wissen. Folglich nennt Papst Franziskus am Ende seines Lehrschreibens die Namen derer, die ihm selbst zur „Inspiration" dienten: „Franz von Assisi, Martin Luther King, Desmond Tutu, Mahatma Gandhi –und Charles de Foucauld“ (FT 286–287).

Verba docent, exempla trahunt – Worte belehren, Beispiele reißen hin, heißt ein uraltes Sprichwort, das auch im 21. Jahrhundert nichts von seiner Gültigkeit verloren hat. Daher soll am Ende der Heilige aus Assisi das letzte Wort haben:

„Franziskus weilte gerade in Siena. Da kam zufällig ein Bruder aus dem Predigerorden[86] dorthin, ein Mann des Geistes und Doktor der heiligen Theologie. Er besuchte auch den seligen Franziskus, und beide, der Gelehrte und der Heilige, unterhielten sich zusammen lange in wonnesamem Zwiegespräch über die Worte des Herrn. Der genannte Magister stellte ihm eine Frage über jenes Wort Ezechiels: ‚Wenn du dem Gottlosen seine Gottlosigkeit nicht verkündest, will ich seine Seele von deiner Hand fordern.‘ Er sagte nämlich: ‚Guter Vater, ich selbst kenne viele, von denen ich weiß, dass sie in einer Todsünde leben, und ich verkündige ihnen nicht immer ihre Gottlosigkeit. Sollten nun wirklich von meiner Hand die Seelen solcher Leute gefordert werden?‘ Als ihm der selige Franziskus antwortete, er sei selber ungebildet und müsse deshalb mehr von ihm sich belehren lassen, als dass er über den Sinn der Schriftstelle eine Antwort gebe, fügte der Magister in seiner Demut hinzu: ‚Bruder, wenn ich auch schon von mehreren Gelehrten eine Auslegung dieses Wortes gehört habe, so möchte ich doch gerne deine Ansicht darüber vernehmen.‘ Darauf erklärte ihm der selige Franziskus: ‚Wenn das Wort ganz allgemein verstanden werden soll, fasse ich es so auf: Der Knecht Gottes muss durch sein heiligmäßiges Leben so sehr zu einer Flamme werden, dass er durch das Licht des guten Beispiels und durch die Sprache, die sein Lebenswandel spricht, alle Gottlosen im Gewissen trifft. So, meine ich, wird der Glanz seines Lebens und der Wohlgeruch seines guten Rufes allen ihre Sündhaftigkeit kundtun'" (FQ 357).

Beten unter Bäumen: Elemente für zwei Andachten im Wald

Vielleicht haben Sie beim Lesen mittendrin die Lust verspürt, das Buch weg- und eine Pause einzulegen. Vielleicht möchten Sie jetzt Ihren Alltag unterbrechen, es dem heiligen Franziskus, seinen Brüdern und Schwestern nachtun und einmal selbst zum Beten in den Wald gehen.

„Die kürzeste Definition von Religion ist Unterbrechung",[87] sagte einmal der Theologe Johann Baptist Metz. Manchmal wird eine Unterbrechung von außen herbeigeführt und ein andermal sehnt man sich nach ihr, um die eigenen Gedanken erst einmal zu ordnen. Manchmal aber spürt man schlicht den Impuls, nichts und niemanden mehr zu sehen und mit sich allein sein ...

Wer eine Tätigkeit, ein Gespräch unterbricht, weiß, dass es danach oft anders weitergeht. Eine Unterbrechung kann heilsam sein, Abstand schenken und ein erhitztes Gemüt abkühlen.

Damit Sie Ihrem inneren Impuls eine Richtung geben können, finden Sie im Folgenden einige Hinweise und eine Auswahl überlieferter Gebete des heiligen Franziskus, die Sie einzeln oder in der Gruppe, ganz oder nur in Teilen für eine Andacht nutzen können, so wie es Ihnen Freude macht!

Zur Einstimmung

Wir dürfen annehmen, dass Franziskus, wenn er in den Wald ging, um mit Gott Zwiesprache zu halten, seine Sinne einsetzte, um innerlich zur Ruhe zu kommen und die Schönheit der ihn umgebenden Natur wahrzunehmen. Von der Freude über dieses Geschenk erfüllt, wandte er sich ganz dem Geber zu. So wollen auch wir uns jetzt bewusstmachen, dass alles, was uns umgibt: die Bäume, das Moos, die Gräser und Steine, die Vögel und die Insekten unsere Mitgeschöpfe sind, aus der liebenden Hand Gottes ins Leben gekommen und eine lebendige Erinnerung an IHN.

Hier dürfen wir, gerne auch hörbar, ein- und ausatmen, die innere Anspannung spüren und loslassen und eine stille Weile auf dem Weg am Waldrand oder im Wald mit allen Sinnen gehen – vielleicht mit dem abgewandelten Vers aus der Apostelgeschichte (Apg 17,28) im Herzen: „In Gott lebe ich, bewege ich mich und bin ich.“ Gedanklich darauf herumkauend wie auf einem gutem Stück Brot, so taten es auch die Wüstenmütter und –väter bei der sog. Ruminatio. Vergessen wir nicht das Schlucken und Verdauen dieser nährenden Wahrheit!

Wenn unsere Schritte und die Atemzüge ruhig und gleichmäßig geworden, die Sinne wach und die Poren unserer Haut mit den wärmenden Sonnenstrahlen oder der wohltuenden Kühle der Waldatmosphäre in Beziehung getreten sind, dann können wir uns einen Ort suchen, an dem der Himmel über uns offen ist. Wir stellen die Beine hüftbreit, und suchen einen guten Stand auf dem (Wald-)Boden.

Es bietet sich an, mit den frühen Christen die Orante-Haltung einzunehmen: Wir breiten die Arme so nach oben aus, dass die Hände rechts und links vom Kopf mit den Handflächen nach oben zeigen und machen uns die Gegenwart Gottes, die Einwohnung seiner Liebe in der Schöpfung bewusst. „Wisse, vor wem Du stehst" lesen wir oft in Synagogen über dem Tora-Schrein, in dem die Schriftrollen mit dem Wort Gottes aufbewahrt werden – lassen wir uns dieses Wissen tief ins Herzen fallen.

Mindestens so wichtig wie die textlichen Elemente der Andacht ist es, ausreichend Stille zur Wahrnehmung und zum persönlichen Gebet, zum Gespräch mit „Vater; Freund; Bräutigam" (FQ 352) zu lassen.

Sommerliche Waldandacht

Einleitendes Gebet

Wir stellen uns vor das Angesicht Gottes und beten mit Franziskus (FQ 59; vgl. FQ 226):

„Wir beten dich an, Herr Jesus Christus, [hier] und in allen Deinen Kirchen auf der ganzen Welt, und wir preisen dich, weil du durch dein heiliges Kreuz die Welt erlöst hast."

Text zur persönlichen oder gemeinschaftlichen Betrachtung (FQ 1373–1374):

„Während Franziskus [...] weiterzog, hob er die Augen und sah einige Bäume am Weg, auf denen sich eine schier unermessliche Schar von Vögeln befand. Der heilige Franziskus wunderte sich darüber und sagte zu den Gefährten: ‚Wartet hier am Weg auf mich, ich will hingehen und meinen Schwestern, den Vögeln, predigen.' Er ging in das Feld hinein und begann den Vögeln, die auf der Erde saßen, zu predigen. Sogleich kamen auch jene, die auf den Bäumen waren, zu ihm und sie verharrten alle zusammen unbeweglich, bis der heilige Franziskus seine Predigt beendet hatte. Aber auch dann flogen sie nicht eher davon, als bis er ihnen seinen Segen gegeben hatte. Und nach dem, was später Bruder Massäus dem Bruder Jakobus von Massa erzählt hatte, ging der heilige Franziskus zwischen ihnen umher und streifte sie mit seiner Kutte, ohne dass sich einer rührte. Der Inhalt der Predigt aber war folgender: ‚Meine Schwestern Vögel, ihr seid Gott, eurem Schöpfer, sehr verpflichtet und müsst ihn an jedem Ort loben, denn er hat euch die Freiheit gegeben, an jeden Ort zu fliegen. Auch hat er euch ein doppeltes und dreifaches Kleid verliehen. Zudem hat er euren Samen in der Arche Noahs aufbewahrt, damit eure Art in der Welt nicht verschwinde. Auch seid ihr ihm verpflichtet wegen des Elementes der Luft, das er euch anvertraut hat. Darüber hinaus sät und erntet ihr nicht und Gott ernährt euch, gibt euch die Flüsse und Quellen als euer Getränk, schenkt euch die Berge und Täler als eure Zuflucht und die hohen Bäume, um darin eure Nester zu bauen. Da ihr weder zu spinnen noch zu nähen versteht, kleidet euch Gott selbst, euch und eure Jungen. Wie sehr liebt euch also der Schöpfer, da er euch so viele Wohltaten erweist! Deshalb, meine Schwestern, hütet euch vor der Sünde der Undankbarkeit, sondern strebt allezeit danach, Gott zu loben.‘

Als der heilige Franziskus diese Worte sprach, fingen alle diese Vögel an, ihre Schnäbel zu öffnen, die Hälse zu recken, die Flügel aufzumachen und ehrfürchtig ihre Köpfe bis zur Erde zu neigen, um so mit Gebärden und Gesang zu zeigen, welch große Freude ihnen die Worte des heiligen Vaters bereiteten. Der heilige Franziskus freute und ergötzte sich mit ihnen und wunderte sich über die so große Menge von Vögeln, ihre wunderschöne Mannigfaltigkeit, ihre Aufmerksamkeit und Zutraulichkeit. Aus diesem Grunde pries er in ihnen ehrfürchtig den Schöpfer. Nach Beendigung der Predigt machte der heilige Franziskus das Kreuzzeichen über sie und gab ihnen die Erlaubnis fortzufliegen. Da erhoben sich all jene Vögel gemeinsam in die Luft mit wunderbarem Gesang und verteilten sich dann nach dem Kreuz, das der heilige Franziskus über sie gemacht hatte, in vier Schwärme. Der eine Schwarm flog nach Osten, der andere nach Westen, der dritte nach Süden und der letzte nach Norden, wobei eine jede Schar auf ihrem Fluge ein wunderbares Lied sang."

Nach einer Stille bieten sich u.a. folgende Gedanken für den Austausch an:

- Wie spricht Franziskus die Vögel an? Wie reagieren sie auf ihn? Welche Vergleiche zieht er? Was fällt bei seiner Predigt auf? Welche Botschaft hat er für die Tiere? Wie lässt sich die Interaktion zwischen Franziskus und den Vögeln beschreiben? Warum ist diese Szene wohl aufgeschrieben und überliefert worden? Was kann sie uns heute sagen?
- Welche Beziehung haben wir/ich zu Vögeln? Kenne ich sie, wenigstens einige? Was könnte ich für den Vogelschutz tun?

Franziskus' *Aufforderung zum Lobe Gottes* (FQ 14) stand auf einer Tafel, die noch um 1500 in der Einsiedelei Luogo dell'Eremita zu sehen war. Auf sie hatte der Heilige einige Verse geschrieben und dazu Geschöpfe malen lassen. Das Gebet gilt als Vorläufer des Sonnengesangs und kann abwechselnd Vers für Vers gebetet werden. Auch lässt sich der Mittelteil beliebig erweitern:

1 Fürchtet den Herrn und gebt ihm die Ehre.
2 Würdig ist der Herr, zu empfangen Lobpreis und Ehre.
3 Alle, die ihr den Herrn fürchtet, lobpreiset ihn.

4 Gegrüßet seist du, Maria, voll der Gnade, der Herr ist mit dir.
5 Lobt ihn, Himmel und Erde.
6 Lobt den Herrn, all ihr Flüsse.
7 Lobpreist den Herrn, ihr Kinder Gottes.
8 Dies ist der Tag, den der Herr gemacht hat, lasst uns jubeln und uns freuen an ihm.
Alleluja, Alleluja, Alleluja! Du König Israels!
9 Alles, was atmet, lobe den Herrn.
10 Lobt den Herrn, denn er ist gut;
alle, die ihr dies lest, lobpreist den Herrn.
11 Alle Geschöpfe, lobpreist den Herrn.
12 Alle Vögel des Himmels, lobt den Herrn.
13 Alle Kinder, lobt den Herrn.
14 Jünglinge und Jungfrauen, lobt den Herrn.
15 Würdig ist das Lamm, das geschlachtet ist,
zu empfangen Lob, Herrlichkeit und Ehre.
16 Gepriesen sei die heilige Dreifaltigkeit und ungeteilte Einheit.
17 Heiliger Erzengel Michael, verteidige uns im Kampfe. Amen.

Lieder

Gotteslob und Evangelisches Gesangbuch bieten eine reiche Auswahl an Lob-, Dank- und Anbetungsliedern, ebenso das Neue geistliche Liedgut.

Freie Bitten bzw. Fürbitten, die einem Buch entnommen sein können, münden im (gemeinsamen) VaterUnser.

Gebet vor dem Segen (= Christliches Gebet mit der Schöpfung aus der Enzyklika „Laudato Si'" von Papst Franziskus)

Wir preisen dich, Vater, mit allen Geschöpfen,
die aus deiner machtvollen Hand
hervorgegangen sind.
Dein sind sie
und erfüllt von deiner Gegenwart und Zärtlichkeit.
Gelobt seist du.

Sohn Gottes, Jesus,
durch dich wurde alles erschaffen.
In Marias Mutterschoß
nahmst du menschliche Gestalt an;
du wurdest Teil dieser Erde
und sahst diese Welt mit menschlichen Augen.
Jetzt lebst du in jedem Geschöpf
mit deiner Herrlichkeit als Auferstandener.
Gelobt seist du.

Heiliger Geist, mit deinem Licht
wendest du diese Welt der Liebe des Vaters zu
und begleitest die Wehklage der Schöpfung;
du lebst auch in unseren Herzen,
um uns zum Guten anzutreiben.
Gelobt seist du.

O Gott, dreifaltig Einer,
du kostbare Gemeinschaft unendlicher Liebe,
lehre uns, dich zu betrachten
in der Schönheit des Universums,
wo uns alles von dir spricht.
Erwecke unseren Lobpreis und unseren Dank
für jedes Wesen, das du erschaffen hast.
Schenke uns die Gnade, uns innig vereint zu fühlen
mit allem, was ist.

Gott der Liebe,
zeige uns unseren Platz in dieser Welt
als Werkzeuge deiner Liebe
zu allen Wesen dieser Erde,
denn keines von ihnen wird von dir vergessen.
Erleuchte, die Macht und Reichtum besitzen,
damit sie sich hüten vor der Sünde der Gleichgültigkeit,
das Gemeinwohl lieben, die Schwachen fördern
und für diese Welt sorgen, die wir bewohnen.

Die Armen und die Erde flehen,
Herr, ergreife uns mit deiner Macht
und deinem Licht,
um alles Leben zu schützen,
um eine bessere Zukunft vorzubereiten,
damit dein Reich komme,
das Reich der Gerechtigkeit, des Friedens,
der Liebe und der Schönheit.

Gelobt seist du.
Amen.

Abschluss

Lieblingssegen des hl. Franziskus (Num 6,24–27 = aaronitischer Segen) als Lied bzw. gemeinsam gesprochener Text:

Der Herr segne uns und behüte uns,
der Herr lasse sein Angesicht über uns leuchten
und sei uns gnädig!
Der Herr erhebe sein Angesicht über uns
und gebe uns den Frieden.
Amen.

Franziskanische Waldweihnacht

Die Texte dieser Andacht entstammen dem liturgischen Stundengebet, der Vesper am Weihnachtsabend, die der heilige Franziskus selbst zusammengestellt hat. Dabei werden Psalmverse mit Sätzen aus dem Evangelium so verknüpft, dass sie eine neue Einheit bilden.

Die Krippenfeier, die Franziskus in der Einsiedelei Greccio an Weihnachten 1223 mit der Feier der Heiligen Nacht verbunden hat (FQ 249–251; vgl. S. 105), kann nicht nur gelesen, sondern mit einer Gruppe auf einer Lichtung im Wald – vielleicht in der Nähe einer Futterkrippe für Wildtiere oder einem hölzernen Unterstand, einem Bildstock bzw. einer Kapelle – gut nachgestellt werden. Vor allem für Familien mit kleineren Kindern ist dies eine anschauliche Form der Vergegenwärtigung des Weihnachtsgeheimnisses. Schon der Weg dorthin am Nachmittag des Heiligen Abends lässt sich als Laternenprozession mit vorbereiteten Lichtern am Wegrand, gemeinsamem Gesang etc. stimmungsvoll gestalten. Aber auch ein Gang allein oder zu zweit mit einer Laterne in der beginnenden Dämmerung oder während leichten Schneefalls wird zu einem dichten Moment der Vergegenwärtigung Gottes in seiner Schöpfung, die mit der Menschwerdung Jesu Christi ein vertrautes Gesicht bekam (vgl. Phil 2; Hebr 4,15).

Auf dem Weg zur Krippe

Das gemeinsame Singen von Adventsliedern, die das Kommen des Erlösers herbeisehnen (z.B. GL 219–222; 224–233) stellt Gemeinschaft her und hilft zur persönlichen Sammlung. Auch folgendes „Preisgebet zu allen Horen" kann schon auf dem letzten Wegabschnitt begonnen werden.

Dieses auf den hl. Franziskus zurückgehende Preisgebet (FQ 15), das er für alle Tagzeiten des Stundengebetes vorgesehen hat, lässt sich ähnlich einer Litanei, abwechselnd zwischen Vorbeter und Alle, beten:

1 V Heilig, heilig, heilig ist der Herr, der allmächtige Gott, der ist und der war und der kommen wird.
A **Und lasst uns ihn loben und über alles erheben in Ewigkeit**.

2 Würdig bist du, Herr, unser Gott, zu empfangen Lob, Herrlichkeit und Ehre und Preis.
Und lasst uns ihn loben und über alles erheben in Ewigkeit.

3 Würdig ist das Lamm, das geschlachtet ist, zu empfangen Macht und Gottheit und Weisheit und Stärke und Ehre und Herrlichkeit und Lobpreis.
Und lasst uns ihn loben und über alles erheben in Ewigkeit.

4 Lasst uns preisen den Vater und den Sohn mit dem Heiligen Geist.
Und lasst uns ihn loben und über alles erheben in Ewigkeit.

5 Preist den Herrn, alle Werke des Herrn.
Und lasst uns ihn loben und über alles erheben in Ewigkeit.

6 Lobpreist unseren Gott, ihr seine Diener alle, und die ihr Gott fürchtet, Kleine und Große.
Und lasst uns ihn loben und über alles erheben in Ewigkeit.
7 Loben sollen ihn, den Glorreichen, Himmel und Erde.
Und lasst uns ihn loben und über alles erheben in Ewigkeit.
8 Und jegliche Kreatur, die im Himmel und auf der Erde und unter der Erde ist, und das Meer, und was in ihm sich befindet.
Und lasst uns ihn loben und über alles erheben in Ewigkeit.
9 Ehre sei dem Vater und dem Sohn und dem Heiligen Geist.
Und lasst uns ihn loben und über alles erheben in Ewigkeit.
10 Wie (es war) im Anfang, so auch jetzt und allezeit und in Ewigkeit.
Und lasst uns ihn loben und über alles erheben in Ewigkeit.

Am Krippenplatz angekommen, wird der Psalm, wie folgt, abgeschlossen:

11 Allmächtiger, heiligster, erhabenster und höchster Gott, du alles Gut, höchstes Gut, ganzes Gut, der du allein gut bist, dir wollen wir erweisen alles Lob, alle Herrlichkeit, allen Dank, alle Ehre, allen Preis und alles Gute.
Es geschehe! Es geschehe! Amen.

Text zur persönlichen oder gemeinschaftlichen Betrachtung

- das Weihnachtsevangelium (Lk 2,1–21) oder
- die Schilderung der Krippenfeier in Greccio (FQ 249–251; in diesem Buch S. 105)

Beide Texte können, wo dies möglich ist, auch szenisch umgesetzt werden.

Im Anschluss daran drückt sich die Freude über die Menschwerdung Gottes in dem *Weihnachtspsalm – Psalm XV* (FQ 29–30) des hl. Franziskus aus. Er wird abwechselnd gebetet, das Sternchen signalisiert eine kurze Pause:

1 Jubelt Gott, unserem Helfer, * jauchzt dem Herrn, dem lebendigen und wahren Gott, mit Jubelklang.

2 Denn der Herr ist erhaben, * ist furchtbar, ein großer König über die ganze Erde.

3 Denn der heiligste Vater im Himmel, unser König vor Ewigkeiten, hat seinen geliebten Sohn aus der Höhe gesandt, * und er ist von der seligen Jungfrau, der heiligen Maria, geboren worden.

4 Er hat zu mir gerufen: Mein Vater bist du, * und ich werde ihn zum Erstgeborenen einsetzen, erhaben über die Könige der Erde.

5 An jenem Tag hat der Herr sein Erbarmen gesandt * und in der Nacht seinen Gesang.

6 Das ist der Tag, den der Herr gemacht hat, * an ihm lasst uns jubeln und frohlocken.

7 Denn das heiligste, geliebte Kind ist uns geschenkt und
geboren für uns am Weg und in eine Krippe gelegt worden, * weil es keinen Platz in der Herberge hatte.
8 Ehre sei Gott, dem Herrn, in den höchsten Höhen * und
auf Erden Friede den Menschen guten Willens.
9 Freuen sollen sich die Himmel, und es juble die Erde; auf-
walle das Meer und seine Fülle; * freuen soll sich die Flur
und alles, was auf ihr ist.
10 Singt ihm ein neues Lied, * singt dem Herrn, ihr Lande all.
11 Denn groß ist der Herr und überaus preiswürdig, * furchtbar ist er über alle Götter.
12 Bringt dem Herrn, ihr Völkerstämme, bringt dem Herrn
Preis und Ehre, * bringt dem Herrn den Lobpreis für seinen Namen.
13 Bringt euch selber leibhaftig dar und tragt sein heiliges
Kreuz * und folgt bis zum Ende seinen heiligsten Geboten.

Ehre sei dem Vater ...

Freie Bitten bzw. Fürbitten

VaterUnser

Lieblingssegen des hl. Franziskus (Num 6,24–27) siehe S. 151

Wo es sich anbietet, kann er an diesem Abend auch als persönlicher, gegenseitiger Segen mit Handauflegung gesprochen werden.

Abschluss

Den Abschluss der Andacht bildet ein Weihnachtslied nach Wahl (z.B. GL 237; 239–241; 243; 245–248)

Wenn es das Wetter und die Umstände erlauben, kann sich an die liturgische Feier eine kleine Weihnachtsagape anschließen: heißer Tee und Lebkuchen als Vorgeschmack des gemeinsamen Mahles in der Familie!

Hinweis

In vielen Regionen und an Orten, an denen Schwestern und Brüder der franziskanischen Familie leben oder gelebt haben, gibt es gestaltete Wege zum Sonnengesang bzw. zum Leben von Franziskus und Klara. Einige davon, wie der „Besinnungsweg zum Sonnengesang“ von Sand in Taufers/Südtirol, bestehen schon seit Jahrzehnten. Literatur und nähere Informationen bietet die Homepage: Initiativgruppe Franziskuswege (initiativgruppe-franziskuswege.de)

Anmerkungen

1 Gaius Suetonius Tranquillus, Liber I: Divus Julius, Kap 7. Lateinisch/deutsch. Übers. und hg. v. Dietmar Schmitz. Stuttgart 1999, S. 12f. Zit. N. https://www.reclam.de/data/media/978-3-15-019287-0.pdf (aufgerufen 26.02.2022).

2 Frank Adloff im Gespräch mit Birgit-Sara Fabianek: Natur hat einen Eigenwert. In: frings. Das Misereor-Magazin, 1/2022, S. 18–21, hier: S. 20.

3 Vgl. ebd., S. 19.

4 Chaim Noll: Die Wüste. Literaturgeschichte einer Urlandschaft des Menschen. Leipzig 2020.

5 Näheres dazu bei P. Johannes Hauck OSB: Das Mönchtum als Brücke zwischen den christlichen Konfessionen? Teil 1: Grundzüge und Entfaltungslinien in ökumenischer Perspektive. In: Die beiden Türme. Niederaltaicher Rundbrief. Nr. 119, Jg. 57, 1-2021, S. 22–49, hier: S. 31.

6 Eine erste Einführung bietet Gabriele Ziegler, Die Wüstenmütter. Weise Frauen des frühen Christentums. Stuttgart 2015.

7 Vgl. Johann Baptist Metz, Memoria Passionis. Ein provozierendes Gedächtnis in pluralistischer Gesellschaft. Freiburg 2006, S. 16: „Bei Augustinus wird die vom Hunger und Durst nach Gerechtigkeit geleitete Gottesfrage, als die eschatologische Frage nach der universalen Gerechtigkeit Gottes, ersetzt durch die anthropozentrische Frage nach der Sünde des Menschen."

8 Vgl. Hauck, Mönchtum, S. 40: „Etwa ab dem 11. Jh. (wurde) zwischen – lateinisch betenden – Chormönchen und – handwerklich arbeitenden – Laienbrüdern unterschieden." Eine ähnliche Entwicklung ist zeitlich versetzt auch für die franziskanische Bewegung festzustellen.

9 Zit. n. Caecilia Bonn OSB: Hildegardis Prophetissa. In: Quatember 1992, S. 220–229, unter I. (Die Seitenzahlen sind nicht einzeln ausge-

wiesen, deshalb werden die Kapitelziffern genannt.) Aufgerufen unter: http://www.quatember.de/J1992/q92220.htm (24.02.2022).

10 Als Beispiel sei genannt: Maura Zátonyi OSB (Hg.), Das Große Hildegard von Bingen Lesebuch. Worte wie von Feuerzungen, Freiburg i. Br. 2022. Sr. Dr. Maura Zátonyi ist auch Vorsitzende der 2018 gegründeten „St. Hildegard-Akademie Eibingen e.V. Zentrum für Wissenschaft, Forschung und europäischer Spiritualität", die sich wissenschaftliche Edition und Übersetzung der Werke sowie die Verbreitung der Hildegardschen Spiritualität zum Ziel gesetzt hat.

11 Zit. n. Bonn, Hildegardis Prophetissa, III.

12 Ebd., I.

13 Vgl. das Testament des Heiligen, wohl kurz vor seinem Tod im Herbst 1226 diktiert, in dem es heißt: „[...] Und nachdem mir der Herr Brüder gegeben hatte, zeigte mir niemand, was ich tun sollte, sondern der Höchste selbst hat mir offenbart, dass ich nach der Form des heiligen Evangeliums leben sollte" (FQ 60). Hier und im Folgenden werden die Originaltexte mit der Seitenzahl zitiert nach: Franziskus-Quellen (= FQ). Die Schriften des heiligen Franziskus, Lebensbeschreibungen, Chroniken und Zeugnisse über ihn und seinen Orden im Auftrag der Provinziale der deutschsprachigen Franziskaner, Kapuziner und Minoriten hgg. v. Dieter Berg und Leonhard Lehmann et alii, Edition T Coelde, Kevelaer 2009.

14 Vgl. Martina Kreidler-Kos/Niklaus Kuster: Bruder Feuer und Schwester Licht. Franz und Klara von Assisi. Zwei Lebensgeschichten im Dialog. Ostfildern 2021, S. 45–47.

15 Der Begriff der Ruminatio taucht jedenfalls in den Quellenschriften immer wieder auf (z.B. FQ 751).

16 Kreidler-Kos/Kuster, Bruder Sonne, Schwester Licht, S. 50.

17 Burkard von Ursberg, ein deutscher Prämonstratenser, berichtet in seiner Chronik von einem Namenswechsel der Brüdergemeinschaft von ursprünglich pauperes minores zu fratres minores und überlie-

fert als Begründung, dass sie erkannt hätten, „dass ein zu demütiger Name zur Ruhmsucht verleiten kann“ (FQ 1552–1553).

18 Gemeint ist der Cantico delle Creature, im Deutschen als „Sonnengesang“ bekannt.

19 Nachdem Ämter notwendig geworden waren, bemüht sich Franziskus um evangeliumsgemäße Bezeichnungen, die im Lateinischen und Italienischen bis heute auch als solche verstanden werden, vgl. FQ 73: „Alle Brüder, die als *Minister* und *Diener* der anderen Brüder eingesetzt sind“ (Hervorhebung Th.W.). Man beachte zum Vergleich die Zwischenüberschrift im Markusevangelium „Ministero in Galilea“ (vor Mk 1,13) in: Vangelo e Atti degli Apostoli. Padova 1983.

20 Vgl. die aktuelle Publikation: Amir Dziri, Angelica Hilsebein, Mouhanad Khorchide, Bernd Schmies (Hgg.), Der Sultan und der Heilige. Islamisch-Christliche Perspektive auf die Begegnung des Hl. Franziskus mit Sultan al-Kamil (1219–2019). Münster 2021.

21 Vgl. dazu und zum Folgenden: Kreidler-Kos/Kuster, Bruder Feuer und Schwester Licht, S. 90ff.

22 Eine besondere Ausprägung dieser Lebensform geht auf den Benediktiner Romuald zurück, welcher der Überlieferung nach um 1084 im Wald nahe Arezzo das Einsiedler-Kloster von Camaldoli errichtet hatte. Zweifellos waren dieses und andere Klöster Franziskus und seinen Brüdern bekannt, vor allem als Übernachtungsorte auf der Wanderschaft. Die von Beginn an um Autarkie bemühten Kamaldolenser pflegen bis heute eine auch spirituell besondere Beziehung zum Wald als dem Raum, der sie am Leben erhält.

23 Vgl. die Einführung zu diesem Text in FQ 123.

24 Vgl. FQ 103, FN 3.

25 Vgl. FQ 73, FN 23: „Loca: Ort, Niederlassung; damit ist nicht ein Kloster gemeint, sondern der mehr oder weniger zufällige Ort, wo die Brüder sich für kürzere oder längere Zeit ‚niederließen‘.“

26 Vgl. Klara-Quellen. Die Schriften der heiligen Klara, Zeugnisse zu ihrem Leben und ihrer Wirkungsgeschichte. Im Auftrag der Provin-

ziale der deutschsprachigen Franziskaner, Kapuziner und Minoriten hgg. v. Johannes Schneider und Paul Zahner et alii. Edition T Coelde, Kevelaer 2013, S. 123, FN 15. Im Folgenden KQ abgekürzt.

27 S. ebd. das lebensbedrohliche Fasten, von dem Klaras Schwestern im Heiligsprechungsprozess erzählen.

28 Vgl. die bekannte Geschichte des Wolfes von Gubbio, der eine ganze Stadt in Atem hält und, von Franziskus als Bruder angesprochen und behandelt, von seiner Raubgier ablässt, weil die Menschen ihm freiwillig geben, was er zum Leben braucht (FQ 1382–1384).

29 Vgl. Ziegler, Wüstenmütter, S. 80. Auch die in der Kunstgeschichte so beliebte Darstellung der „Versuchung des hl. Antonius“ hat darin ihren Ursprung.

30 Jens Soentgen, Ökologie der Angst. Berlin 2018 (Fröhliche Wissenschaft; 117), S. 31.

31 Ebd.

32 Ebd., S. 30f.

33 Ein Textbeispiel für die ungleich berühmtere Vogelpredigt findet sich unter den Elementen für eine Andacht im Wald (S. 145).

34 Mit den im 13./14. Jahrhundert einsetzenden Gerichtsprozessen gegen schuldig gewordene Tiere hat dies m.E. (noch) nichts zu tun.

35 Der Hinweis auf die Weltesche Yggdrasil aus dem nordischen Sagenkreis möge als Beispiel hier genügen.

36 Vgl. Manfred Böhm, In den Himmel wachsen. Bäume der Bibel. Symbole für das Leben. Ostfildern 2019.

37 Vgl. das jeweilige Schriftstellenregister in FQ und KQ.

38 Für beide sind „Leben und Regel identisch“, s. FQ 73, Fußnote 21.

39 Kreidler-Kos/Kuster, Bruder Feuer und Schwester Licht, S. 69.

40 Die Vulgata ist die lateinische Übersetzung der gesamten Bibel, wie sie seit dem 7. Jh. in der lateinischen Kirche allgemein gebräuchlich ist.

41 Vgl. FQ 356.

42 Ebd., S. 242.

43 Ebd., S. 237: „Klaras letztes Weihnachtsfest“ (KQ 141–142 bzw. 155).

44 Südsudan: Zehn Jahre nach der Unabhängigkeit. Keine Ernte am Nil. Interview von Ulrich Schwab in: www.katholische-sonntagszeitung.de (aufgerufen am 9.7.2021).

45 Vgl. Kreidler-Kos/Kuster, Bruder Feuer und Schwester Licht, S. 163.

46 Vgl. die Geschichte des „ehrwürdigen Bruder Simon“, von dem es in FQ 1414 heißt: „Eines Abends nun war er mit Bruder Jakob von Massa in den Wald gegangen, um über Gott zu sprechen.“

47 Vgl. unter den beinahe zahllosen Belegstellen besonders FQ 302 und FQ 324.

48 Vgl. Kreidler-Kos/Kuster, Bruder Feuer und Schwester Licht, S. 118–122.

49 Ebd., 122.

50 Heute kann sie binnen Wochen geheilt werden.

51 Zit. n. FQ 573.

52 Vgl. die Themenhefte „Geschwisterlich leben. Auf der Suche nach einem franziskanischen Lebensentwurf“ Sommer 2021 und „Nach dieser Erde wäre da keine, die eines Menschen Wohnung wär’“ Herbst 2021, Franziskaner. Magazin für franziskanische Kultur und Lebensart, hrsg. von der Deutschen Franziskanerprovinz München.

53 Klimakrise – Können wir noch umsteuern? Interview von Kerstin und Thomas Meinhardt mit Prof. Dr. Mojib Latif, in: Franziskaner, Herbst 2021, S. 10–14, hier: S. 13f.

54 Ebd., S. 13.

55 Wörtlich heißt der lateinische Satz: „Geht, es ist Erntezeit!“

56 Niklaus Kuster, Franziskus erfindet das Krippenspiel: Farben einer leisen Provokation. In: feinschwarz.net. Theologisches Forum (aufgerufen 27.2.2022).

57 Inszenierungen in Kirchen sind lt. Kreidler-Kos/Kuster, Bruder Sonne, Schwester Licht, S. 156 wohl bereits bekannt.

58 Ebd.

59 Ebd.

60 Bislang widmet sich, soweit ich sehe, nur ein italienisches Büchlein auf rein affirmative Weise diesem Sachverhalt: Mariano D'Alatri/ Felice Accrocca: L'urgenza della predicazione. San Francesco diacono. Assisi 2015.

61 Vgl. Kreidler-Kos/Kuster; Bruder Sonne, Schwester Licht, S. 176f.

62 Zit. n. Laienbrüder in Leitungsämtern – Franziskaner (aufgerufen am 10.09.2022).

63 Nur bei Gott fallen die Gegensätze Liebe und Macht zusammen. Vgl. später die Überlegungen von A. Gruen.

64 Hervorhebung Th. W. zur Kennzeichnung der Strophengrenzen.

65 Diese beiden Strophen kamen später hinzu.

66 Die Deutung und Einordnung des Sonnengesangs weiß sich inhaltlich vor allem: Kreidler-Kos/Kuster, Bruder Sonne, Schwester Licht, S. 170ff verpflichtet.

67 Vgl. Ebd. S. 170.

68 Zitate aus der altitalienischen Fassung stammen aus ebd. S. 171.

69 Vgl. die Verse aus dem Lobpreis Gottes: „Du bist das Gute, jegliches Gut, das höchste Gut, / der Herr, der lebendige und wahre Gott." (FQ 37).

70 Lat. infirmitas meint vor allem die körperliche Schwäche, das Unvermögen, sich selbst zu helfen, tribulatio ist demgegenüber die innere wie äußere Not und Bedrängnis.

71 Zit. n. Ziegler, Wüstenmütter, S. 34f.

72 Mündliche Äußerung von Niklaus Kuster OFMCap in einem Vortrag am 4. Okt. 2021 zur Feier des 800. Jahrtags der Ankunft der Franziskaner in Augsburg.

73 Vgl. FQ 417.

74 Arno Gruen, Der Verrat am Selbst. Die Angst vor Autonomie bei Mann und Frau. München 1986, S. 17.

75 Ebd. 43, Orthographie wie im Original.

76 Ebd. 96.

77 Der lateinische Genitiv kann auch als Genitivus objectivus gelesen werden, also im Sinne von: die Freude am Evangelium.

78 Stellvertretend sei auf einschlägige Publikationen von Julia Enxing verwiesen, die auch die englischsprachige Theologie zum Thema miteinbezieht. In einem Aufsatz fordert sie mit Recht, man müsse einer „Überschätzung des Menschen als einzigem Abbild Gottes neue Aufmerksamkeit schenken. Adam verdankt sich der ökologischen Vielfalt an Pflanzen, Wasser, Erde und den tierlichen Lebewesen. Dieses nicht nur dem göttlichen Wesen, sondern der Vielfalt des Lebendigen Verdankt-Sein könnte der gesamten Schöpfungstheologie – vor allem aber der theologischen Anthropologie – eine ganz neue Richtung geben." In: J.E., Schöpfungstheologie im Anthropozän. Gedanken zu einer planetarischen Solidarität und ihrer (theo) politischen Relevanz, S. 161–180, hier: 170, unter https://doi.org/10.5771/9783748907084-161, am 10.03.2021, 02:01:56 161 Open Access – https://www.nomos-elibrary.de/agb (aufgerufen am 11.09.2022).

79 Vgl. auch LS 136, wo die Unvereinbarkeit zwischen einem Einsatz für „die Unversehrtheit der Umwelt" und dem Zulassen von Experimenten „mit lebenden menschlichen Embryonen" aufgezeigt wird.

80 Basilius der Große, Homilie in Hexaemeron, 1, 2, 6: PG 29, Sp. 8.

81 Letzteres wird im Rahmen der sommerlichen Waldandacht zitiert (siehe S. 145).

82 Das Titel-Zitat stammt aus dem Beginn des 6. Kapitels der „Ermahnungen" des hl. Franziskus. Es lautet: „Geben wir Acht, wir *Brüder alle*, auf den guten Hirten, der, um seine Schafe zu retten, die Marter des Kreuzes erlitten hat" (FQ 48, Hervorhebung Th. W.).

83 Wortlaut und Einordnung der gemeinsamen Erklärung unter: https://www.vaticannews.va/de/papst/news/2019-02/papst-franziskus-abu-dhabi-imam-erklaerung-al-azhar-frieden.html (aufgerufen am 17.09.2022).

84 Stefan Einsiedel zeigt, dass die für beide Religionsgemeinschaften jeweils noch „schwer verdaulichen" Punkte – für Katholiken: die Anerkennung einer alle Bereiche umfassenden, vielleicht sogar

grundsätzlichen Diversität als Willen Gottes und für Muslime: volle Bürgerrechte für Angehörige aller Religionen – im Abu Dhabi-Dokument zwar benannt, aber weder in der Enzyklika noch seither in muslimischen Texten größerer Tragweite entfaltet wurden. In: S.E., Geht Globalisierung auch franziskanisch? Der interreligiöse Dialog als Impulsgeber in Papst Franziskus' Enzyklika „Fratelli tutti – Über die Geschwisterlichkeit", Blätter Abrahams 21, 2021, S. 69–76, hier: S. 73.

85 Privat kommt von dem Verbum privare = (be)rauben.

86 Gemeint ist der etwa zeitgleich in Frankreich entstandene Dominikanerorden. Dessen Gründer Dominicus (1170–1221) stammte aus Spanien und hatte, veranlasst durch die Auseinandersetzung mit den Katharern eine Klerikergemeinschaft gegründet, die sich vor allem auf Askese und Studium stützte, um sowohl vom Lebenswandel her glaubwürdig, als auch argumentativ versiert zu sein.

87 Vgl. oben die Schilderung des Thomas von Celano zum Gebetsverhalten des hl. Franziskus (FQ 352).

Literatur

FRANK ADLOFF im Gespräch mit BIRGIT-SARA FABIANEK: Natur hat einen Eigenwert. In: frings. Das Misereor-Magazin, 1/2022, S. 18–21.

BASILIUS DER GROSSE: Homilie in Hexaemeron, 1, 2, 6: PG 29, Sp. 8.

BÖHM, MANFRED: In den Himmel wachsen. Bäume der Bibel. Symbole für das Leben. Ostfildern 2019.

BONN, CAECILIA, OSB: Hildegardis Prophetissa. In: Quatember 1992, S. 220–229, unter I. (Die Seitenzahlen sind nicht einzeln ausgewiesen, deshalb werden die Kapitelziffern genannt.) http://www.quatember.de/J1992/q92220.htm (24.02.2022).

D'ALATRI, MARIANO/ ACCROCCA, FELICE: L'urgenza della predicazione. San Francesco diacono. Assisi 2015.

DZIRI, AMIR/ HILSEBEIN, ANGELICA/ KHORCHIDE, MOUHANAD/ SCHMIES, BERND (HGG.): Der Sultan und der Heilige. Islamisch-Christliche Perspektive auf die Begegnung des Hl. Franziskus mit Sultan al-Kamil (1219–2019). Münster 2021.

EINSIEDEL, STEFAN: Geht Globalisierung auch franziskanisch? Der interreligiöse Dialog als Impulsgeber in Papst Franziskus' Enzyklika „Fratelli tutti – Über die Geschwisterlichkeit", Blätter Abrahams 21, 2021, S. 69–76.

ENXING, JULIA: Schöpfungstheologie im Anthropozän. Gedanken zu einer planetarischen Solidarität und ihrer (theo)politischen Relevanz, S. 161–180. https://doi.org/10.5771/9783748907084-161, am 10.03.2021, 02:01:56 161 Open Access – https://www.nomos-elibrary.de/agb (11.09.2022).

FRANZISKUS-QUELLEN (= FQ). Die Schriften des heiligen Franziskus, Lebensbeschreibungen, Chroniken und Zeugnisse über ihn und seinen Orden im Auftrag der Provinziale der deutschsprachigen Franziskaner, Kapuziner und Minoriten hgg. v. Dieter Berg und Leonhard Lehmann et alii, Edition T Coelde, Kevelaer 2009.

PAPST FRANZISKUS: Enzyklika *Laudato Si'* – Über die Sorge für das gemeinsame Haus (24. Mai 2015). Verlautbarungen des Apostolischen Stuhles Nr. 202. Bonn 2018, 4. korr. Auflage.

DERS.: Dokument über die Geschwisterlichkeit aller Menschen für ein friedliches Zusammenleben in der Welt (4. Feb. 2019). https://www.vaticannews.va/de/papst/news/2019-02/papst-franziskus-abu-dhabi-gemeinsame-erklaerung-grossimam.html.

DERS.: https://www.vaticannews.va/de/papst/news/2019-02/papst-franziskus-abu-dhabi-imam-erklaerung-al-azhar-frieden.html (17.09.2022).

DERS.: Enzyklika *Fratelli tutti*. Über die Geschwisterlichkeit und die soziale Freundschaft (3. Oktober 2020). Verlautbarungen des Apostolischen Stuhles Nr. 227. Bonn 2020.

GRUEN, ARNO: Der Verrat am Selbst. Die Angst vor Autonomie bei Mann und Frau. München 1986.

HAUCK, JOHANNES, OSB: Das Mönchtum als Brücke zwischen den christlichen Konfessionen? Teil 1: Grundzüge und Entfaltungslinien in ökumenischer Perspektive. In: Die beiden Türme. Niederaltaicher Rundbrief. Nr. 119, Jg. 57, 1-2021, S. 22–49.

KLARA-QUELLEN. Die Schriften der heiligen Klara, Zeugnisse zu ihrem Leben und ihrer Wirkungsgeschichte. Im Auftrag der Provinziale der deutschsprachigen Franziskaner, Kapuziner und Minoriten hgg. v. Johannes Schneider und Paul Zahner et alii. Edition T Coelde, Kevelaer 2013.

Klimakrise – Können wir noch umsteuern? Interview von Kerstin und Thomas Meinhardt mit Prof. Dr. Mojib Latif, in: Franziskaner, Herbst 2021, S. 10–14.

KREIDLER-KOS, MARTINA/ KUSTER, NIKLAUS: Bruder Feuer und Schwester Licht. Franz und Klara von Assisi. Zwei Lebensgeschichten im Dialog. Ostfildern 2021.

KUSTER, NIKLAUS: Franziskus erfindet das Krippenspiel: Farben einer leisen Provokation. In: feinschwarz.net. Theologisches Forum (27.2.2022).

Laienbrüder in Leitungsämtern – Franziskaner (10.09.2022).

METZ, JOHANN BAPTIST: Memoria Passionis. Ein provozierendes Gedächtnis in pluralistischer Gesellschaft. Freiburg 2006.

NOLL, CHAIM: Die Wüste. Literaturgeschichte einer Urlandschaft des Menschen. Leipzig 2020.

SOENTGEN, JENS: Ökologie der Angst, Fröhliche Wissenschaft; 117. Berlin 2018.

GAIUS SUETONIUS TRANQUILLUS, LIBER I: Divus Julius, Kap 7. Lateinisch/deutsch. Übers. und hg. v. Dietmar Schmitz. Stuttgart 1999, S. 12f. Zit. N. https://www.reclam.de/data/media/978-3-15-019287-0.pdf (aufgerufen 26.02.2022).

Südsudan: Zehn Jahre nach der Unabhängigkeit. Keine Ernte am Nil. Interview von Ulrich Schwab in: www.katholische-sonntagszeitung.de (9.7.2021).

Vangelo e Atti degli Apostoli. Padova 1983.

ZÁTONYI, MAURA, OSB (HG.), Das Große Hildegard von Bingen Lesebuch. Worte wie von Feuerzungen, Freiburg i.Br. 2022.

ZIEGLER, GABRIELE: Die Wüstenmütter. Weise Frauen des frühen Christentums. Stuttgart 2015.

Die Autorin

Sr. M. Theresia Wittemann OSF, geb. 1965 in München, trat 1986 in die Kongregation der Dillinger Franziskanerinnen ein und studierte Germanistik, Klassische Philologie und Theologie in München. Nach Staatsexamen und Promotion unterrichtete sie Deutsch und Latein in Dillingen und Kaiserslautern und ist seit mehr als zwanzig Jahren in der Erwachsenenbildung tätig. Derzeit lebt und arbeitet sie in der Diözese Augsburg, u.a. mit den Schwerpunkten Ökumene und Interreligiöser Dialog. Vom WORT, das Fleisch geworden ist, fasziniert, beschäftigt sie sich neben der franziskanisch-klarianischen Spiritualität auch mit der des hl. Ignatius von Loyola und den Heiligen des 20. Jahrhunderts.

Bildnachweis:

S. 4: shutterstock.com, Piotr Krzeslak
S. 7: shutterstock.com, Le Do
S. 12: shutterstock.com, Paul Aniszewski
S. 17: shutterstock.com, Sofiaworld
S. 18: unsplash.com, Pat Whelen
S. 24: istockphoto.com, George Clerk
S. 31: shutterstock.com, Donot6_studio
S. 32: shutterstock.com, Dark Moon Pictures
S. 43: shutterstock.com, Otma
S. 44: shutterstock.com, Smileus
S. 50: unsplash.com, Toby Wong
S. 58: shutterstock.com, irin-k
S. 65: shutterstock.com, alias612
S. 66: shutterstock.com, Johan Swanepoel
S. 70: shutterstock.com, cobalt88
S. 88: unsplash.com, Johannes Plenio
S. 95: shutterstock.com, Anton Starikov
S. 96: unsplash.com, Michael Krahn
S. 104: shutterstock.com, Frank Heikkinen
S. 113: shutterstock.com, Valzan
S. 114: shutterstock.com, Peshkova
S. 125: shutterstock.com, Sodel Vladyslav
S. 126: shutterstock.com, SuriyaPhoto
S. 140: shutterstock.com, Triff
S. 144: shutterstock.com, Ralf Gosch
S. 152: unsplash.com, Pigoff Photography
S. 160: shutterstock.com, Sebastian Photography
S. 169: shutterstock.com, Nella
S. 170: shutterstock.com, Wasim Muklashy

1. Auflage 2023

Gesamtgestaltung: Finken & Bumiller, Stuttgart
Umschlagmotiv: shutterstock.com, Aastels
Hersteller gemäß ProdSG:
Druck und Bindung: Finidr s.r.o., Lípová 1965, 737 01 Český Těšín, Tschechische Republik
Verlag: Verlag Katholische Bibelwerk GmbH, Silberburgstraße 121, 70176 Stuttgart

www.bibelwerkverlag.de
ISBN 978-3-460-25562-3

Mit der Erscheinung dieses Buches haben wir **zusammen mit der Druckerei FINIDR** einen neuen Baum gepflanzt.

MIX
Papier aus verantwortungsvollen Quellen
FSC® C014138